HUBERT SCHMIDT · DIE WIESE ALS ÖKOSYSTEM

W0187448

HUBERT SCHMIDT

Die Wiese als Ökosystem

AULIS VERLAG DEUBNER & CO KG · KÖLN

Best.-Nr. 4520
Alle Rechte bei AULIS VERLAG DEUBNER & CO KG, Köln, 1979
Druck und Bindung: Weiss & Zimmer AG, Mönchengladbach
ISBN 3-7614-0444-1

INHALTSVERZEICHNIS

1.   WAS IST EINE WIESE?

1.1.   DEFINITION

Die Frage, was eine Wiese ist und wodurch sie definiert wird, ist nicht
ganz so überflüssig, wie sie auf den ersten Blick erscheinen mag. Die
Antwort wird zunächst einmal lauten: eine Wiese ist Grünland. Da aber
nicht jedes Grünland auch gleich eine Wiese ist, müssen wir etwas exak-
ter werden.

Gründland treffen wir überall dort an, wo kaum Bäume und Sträucher vorkommen und Gräser vorherrschen. Somit können wir auch die Steppen und
Savannen der Tropen und Subtropen als Grünland bezeichnen. Allerdings
unterliegen sie einem starken Wechsel von Regen- und Trockenzeiten, so
daß wir bei ihnen besser von periodischem Grünland sprechen. Die Wiesen gehören zum Dauergrünland.

Unter natürlichen Bedingungen ist in Mitteleuropa Dauergrünland relativ
selten anzutreffen. Wir finden es zum Beispiel in den Steppenheiden des
Altmühltales, oder in den Matten jenseits der Baumgrenze. Die meisten
übrigen Gebiete, von Mooren abgesehen, wären in Mitteleuropa natürlicherweise von Wäldern bedeckt. Die Bewirtschaftung durch den Menschen
drängte die Wälder zurück und schuf damit neue Formen des Dauergrün-
landes, zu denen auch die Wiese gehört. Die Formen des Dauergrünlan-
des lassen sich grob folgendermaßen untergliedern:

- Dauerwiesen = Grünland, das vorwiegend durch Mahd genutzt wird.
- Dauerweiden = Grünland, das vorwiegend durch Weidegang genutzt
      wird.
- Nebennutzungswiesen = Grünland an besonderen Stellen, wie Obst-
      änger, Straßenränder, Deiche, Flugplätze usw.

Natürlich gibt es zwischen Dauerwiesen und Dauerweiden alle Formen von
Übergängen (Mähweiden), die im einzelnen nur schwer gegeneinander ab-
zugrenzen sind. Daher wurde oben auch jeweils das Wörtchen "vorwiegend" eingeschoben.

Je nach Nutzungsform können aber auch wieder mehrere Wiesentypen unterschieden werden. Da gibt es die Dauerwiese, welche ausschließlich
der Heugewinnung dient, zwei- bis dreimal im Jahr gemäht wird und evtl.
im Herbst noch eine kurze Beweidung durchmacht.

Die Grünfutterwiese bildet eine Art Weideersatz, indem sie bei starker
Düngung und häufigem Schnitt täglich Frischfutter ("Eingrasen" im Al-
penvorland) in den Stall liefert.

Streuwiesen wie sie z.B. in anmoorigen Gegenden vorkommen, erzeugen
zwar kein brauchbares Futter, liefern aber in stroharmen Gegenden Ein-
streumaterial für den Stall.

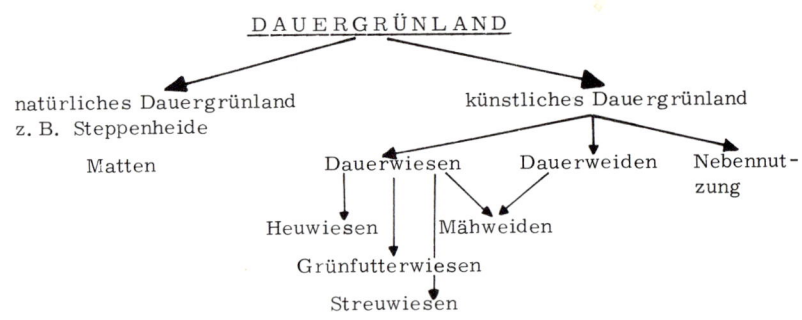

DAUERGRÜNLAND

natürliches Dauergrünland   künstliches Dauergrünland
z. B. Steppenheide

  Matten   Dauerwiesen Dauerweiden Nebennut-
                      zung

       Heuwiesen Mähweiden

      Grünfutterwiesen

       Streuwiesen

Für die vorliegende Arbeit halten wir uns weitgehend an die Definition
von Wiese als einem Grünland, das vorwiegend durch Mahd genutzt wird.
In großen Zügen werden viele ökologische Einzelheiten auch für andere
Formen des Grünlandes zutreffen, so daß sie dort sinngemäß angewandt
werden können

Abb. 1: Die Wiese ist ein künstliches Ökosystem, das durch die Mahd
     verursacht wird. Die einzelnen Arbeitsgänge, wie mähen,
     wenden, rechen, aufladen, geschehen heute meist maschinell

1.2. VERGLEICH ZWISCHEN WIESEN- UND WEIDENUTZUNG

Im Verlauf dieser Schrift werden wir immer wieder auf Unterschiede zwischen Wiesen und Weiden eingehen müssen. Vorab soll nur einmal geklärt werden, welche Nutzungsunterschiede im wesentlichen zwischen den beiden Grünlandformen bestehen.

Nutzungsvorteile der Wiesen:

1. Wiesen erlauben landwirtschaftliche Nutzung auf Flächen, die weder acker- noch weidefähig sind.

2. Heuverfütterung erbringt große Mengen an Stallmist, welcher als Dünger auf Äckern eine Rolle spielt ("Wiese Mutter des Ackerbaus.")

3. Gutes Wiesenheu ist meist vielseitiger als Heu von Intensivweiden.

Vorteile der Weiden:

1. Das Weidetier nimmt die Erntearbeit und Stallarbeit ab.

2. Geringe Wetterabhängigkeit der Weidenutzung.

3. Bessere Kontrolle der Verlustgrößen.

4. Weidegang erhöht die Narbendichte und schränkt Unkrautwuchs ein.

5. Häufigere Nutzung führt zu geringerer Alterung der Pflanzen und damit zu höherem Nährwert des Futters.

6. Raschere und bessere Intensivierung möglich.

Nachteile der Wiese:

1. Großer Arbeitsaufwand.

2. Starke Wetterabhängigkeit.

3. Begrenzte Möglichkeit zur Leistungssteigerung.

4. Wo mangelnde Trittfestigkeit des Bodens herrscht, keine Weidemöglichkeit.

5. Geringe Narbendichte.

6. Häufig starke Verunkrautung.

Nachteile der Weiden:

1. Höherer Energieaufwand seitens der Tiere, gegenüber Stallfütterung.

2. Fehlen der Stallmist- und Gülledüngung.

3. Geringe Ergiebigkeit bei Winterfutter.

Wägt man die Vor- und Nachteile gegeneinander ab, dann scheint dort, wo sie möglich ist, die Weidewirtschaft günstiger zu sein als die Wiesenwirtschaft.

Die Mähweidenutzung geht einen Mittelweg, indem sie die Vorteile der Mahd- und Weidenutzung kombiniert. Sie setzt allerdings die Weidefähigkeit der Grünflächen voraus.

Wiesennutzung wird trotz aller Spezialisierung, wie sie in Mitteleuropa stattgefunden hat, in Ländern mit fast ausschließlicher Weidenutzung, wie England und Neuseeland, als rückständig betrachtet. Der Vergleich Wiese-Weide, kann das begründen. Was jedoch in Ländern mit hoher relativer Luftfeuchtigkeit, mildem Seeklima und günstiger Niederschlagsverteilung zutrifft, gilt nicht in allem für den klimatischen Übergangsbereich Mitteleuropas. Der Übergang zum kontinentalen Klima, mit heißen, oft trockenen Sommern, mit niedriger relat. Luftfeuchtigkeit, mit langen kalten Wintern, macht vielfach ganzjährige Weidehaltung unmöglich. Für die Hälfte des Jahres muß Futter bereitgestellt werden und die dazu notwendigen Flächen sind eben die Wiesen. Daneben gibt es auch noch etliche agrarstrukturelle Ursachen, die Wiesenhaltung in Mitteleuropa notwendig machen.

Anteil der Wiesen und Weiden am Dauergrünland in den Ländern der BRD - 1969 (n. BLV 1972)

Bundesland	Dauergrünland in % der LN	Wiesen in % des Grünlandes	Weiden
Schleswig-Holst.	41	32	65
Hamburg	23	34	61
Niedersachsen	44	40	55
Bremen	65	39	57
Nordrhein-Westf.	39	36	55
Hessen	36	56	23
Rheinld.-Pfalz	32	66	22
Saarland	36	66	23
Baden-Württemberg	43	81	4,5
Bayern	42	83	9

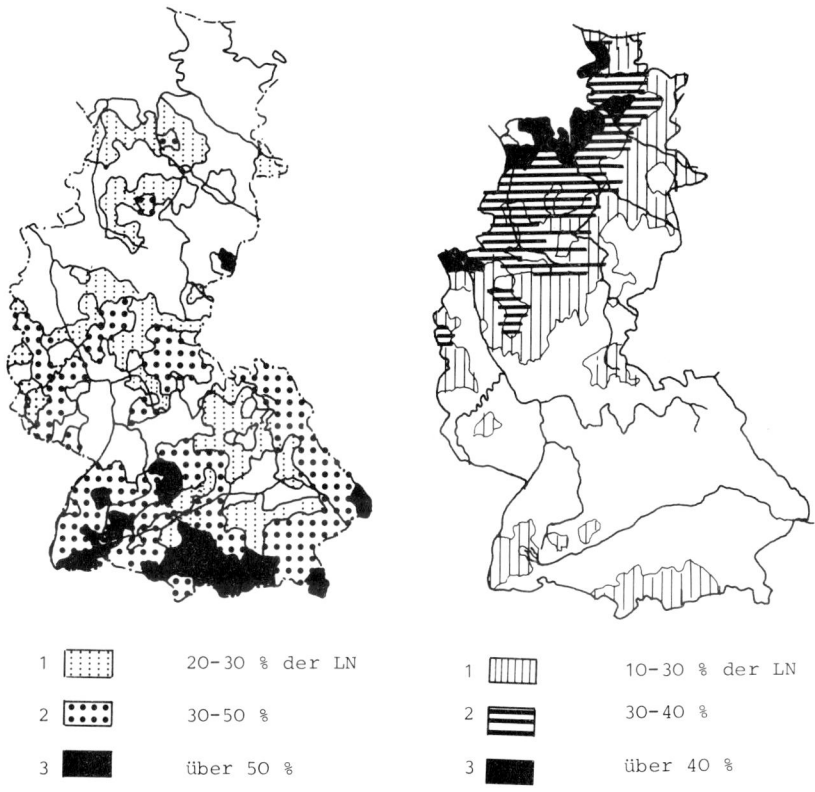

1	20-30 % der LN
2	30-50 %
3	über 50 %

1	10-30 % der LN
2	30-40 %
3	über 40 %

Abb 2: Anteil der Wiesen in der BRD (ohne Streuwiesen) in Prozent der landwirtschaftlichen Nutzfläche (n. Klapp 1971; vereinfacht)

Abb. 3: Anteil der Weiden (ohne Almen in der BRD, in Prozent der landw. Nutzfläche. Der Vergleich mit Karte 2 zeigt deutlich den Schwerpunkt der Weidewirtschaft im maritimen Nordwestdeutschland und den Schwerpunkt der Wiesenwirtschaft in Süddeutschland. (n. Klapp 1971; vereinfacht)

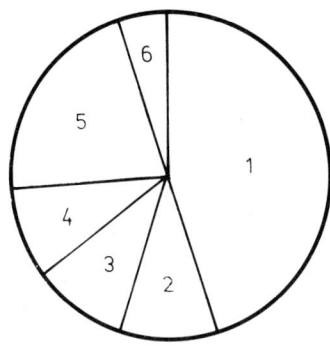 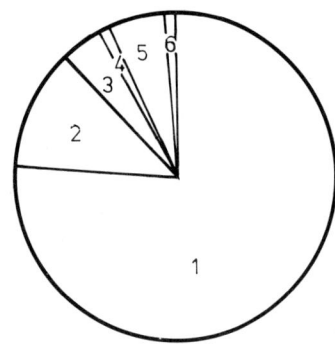

MÄHFLÄCHEN		WEIDEFLÄCHEN
1 Gute Futtergräser	45 %	76 %
2 Kleearten	10 %	12 %
3 Futterkräuter	10 %	4 %
4 Minderwertige Gräser	9 %	1 %
5 Harmlose Unkräuter	20 %	6 %
6 Giftpflanzen	5 %	1 %

Abb. 4: An gleichen Standorten können sich je nach Nutzungsart recht
verschiedene Pflanzenbestände ergeben. Die durchschnittlichen
Mengenzahlen sind in Prozenten auf deutschen Wiesen und Weiden dargestellt. (Zahlen nach Klapp 1971)

2. GESCHICHTLICHES ZUR WIESE

In Mitteleuropa kommt, wie gesagt, Grünland von Natur aus relativ selten
vor. Existierende Grünlandgebiete wurden größtenteils durch Rodung oder
Abbrennen ursprünglicher Vegetation (Mischwald, Auenwälder) geschaf-
fen. So darf man annehmen, daß im ausgehenden Neolithikum mit Beginn
der Kupferzeit, vor etwa 7000 Jahren im Tiefland nur an Sümpfen und
Seerändern, ferner in Trockengebieten mit natürlicher Steppenheide oder
in den Gebirgen jenseits der Baumgrenze, Grünland zu finden war. Vielleicht findet man deshalb auch frühe Siedlungen gerade an ehemaligen See-
ufern (Pfahldörfer), oder in Gebieten, wo kein Waldwuchs war. Grünlandgebiete waren auch immer bevorzugte Durchzugs- und Wandergebiete.

Im Gegensatz zu NW-Europa sind in Mitteleuropa Wiesen und Weiden
künstliche Vegetationsformen, welche durch Mahd und Beweidung aufrecht
erhalten werden. Sobald diese künstlichen Faktoren eingestellt werden,
entwickelt sich in Mitteleuropa nicht etwa eine Grassteppe, wie in der
Ukraine oder in Argentinien, sondern es entstehen zunächst Strauchgesell-
schaften, die später in Wald übergehen.

<u>Abb. 5:</u> Die natürliche Vegetation Mitteleuropas ist meistens der Wald.
Sobald eine Wiese längere Zeit nicht mehr gemäht oder bewei-
det wird, stellt sich eine Nachfolgevegetation ein. Der Wald
dringt wieder vor und beseitigt das vom Menschen geschaffene
Ökysystem

Im Mittelalter stand die Besiedlung fast immer unter dem Blickwinkel des
Ackerbaus. Die Gewanne der Dorfflur wurden unter Flurzwang nach dem
Prinzip der Dreifelderwirtschaft genutzt. Das Vieh weidete auf der All-
mende, der gemeinsamen Weidefläche eines Dorfes; teilweise auch auf
dem Brachland und vor allem in den umliegenden Wäldern. Eine geregelte
Futterwirtschaft war bis in die Neuzeit herein unbekannt. Damit ist die
gemähte Wiese eine relativ junge Schöpfung der Menschheit.

Das Winterfutter bestand aus Streu, Laub und Tannenreisig. Noch bis in
die Mitte des 19. Jahrhunderts erreichte das Gewicht ausgewachsener
Rinder nicht mehr als 3-3,5 dz. Eine arbeitsteilige Landwirtschaft war
unbekannt und auf Grund mangelhafter Verkehrsverhältnisse auch undurch-
führbar. Infolgedessen war jeder landwirtschaftliche Betrieb in erster Linie Selbstversorger. Dies bedeutete unter anderem auch, einige Stück
Vieh im Stall zu haben. Erst mit Beginn der Industrialisierung, der starken Bevölkerungszunahme und der Verkehrsentwicklung im 19. Jhdt. kam
es auch zur Intensivierung der Landwirtschaft. Der Ackerbau wurde in
ungünstigen Ertragslagen eingeschränkt und Grünland in vermehrtem
Maße angelegt. Diese Entwicklung kommt in Abb. 6 zum Ausdruck.

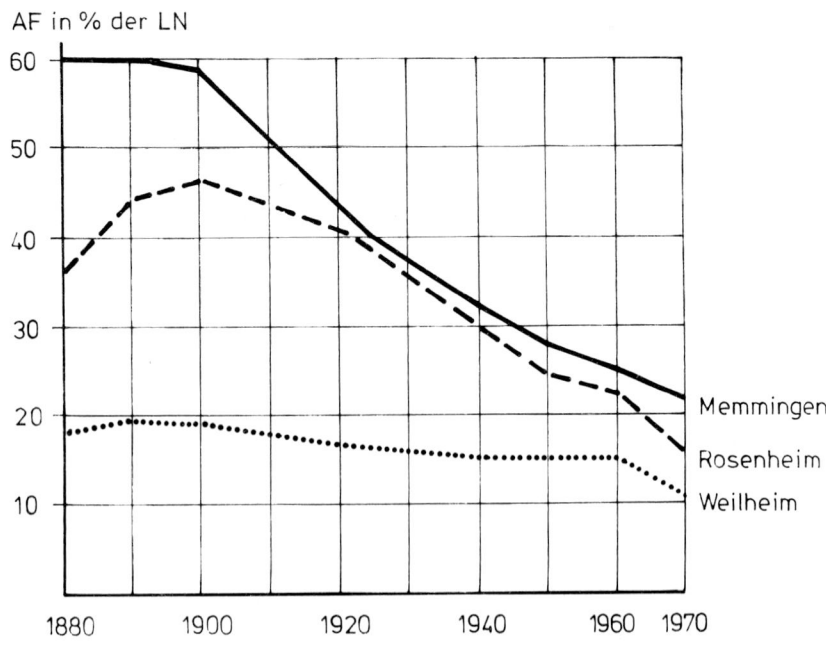

AF in % der LN

1880   1900   1920   1940   1960 1970

Abb. 6: Abnahme des Ackeranteils an der landwirtschaftlichen Nutzfläche (LN) in 3 Landkreisen des Alpenvorlandes seit 1880. Den
Kurven kann etwa auch abgelesen werden, in welchem Maße die
Spezialisierung der Landw. Betriebe, sowie die Arbeitsteilung
in der Landwirtschaft zugenommen hat. (BLV Pflanzliche Erzeugung Teil B; 1972)

3.   DIE BEDEUTUNG DES KLIMAS FÜR DAS
ÖKOSYSTEM WIESE

In den Abbildungen 2 und 3 kommt deutlich zum Ausdruck, daß Wiesen
und Weiden landschaftlich gebunden sind. Während im maritimen Nordwestdeutschland die Weidewirtschaft vorherrscht, spielt im mehr kontinentalen Süddeutschland die Mähwiese eine größere Rolle. Es sind also
klimatische Faktoren, welche nicht nur für das Grünland als solches,
sondern auch für die jeweilige Nutzungsart den Ausschlag geben.

Im folgenden soll nun untersucht werden, welche Rolle das Klima für das
Ökysystem Wiese spielt. Dabei wird etwas weiter ausgeholt, um beispiel-
haft für ein Ökosystem die verschiedenen Komponenten aufzuzeigen.

16

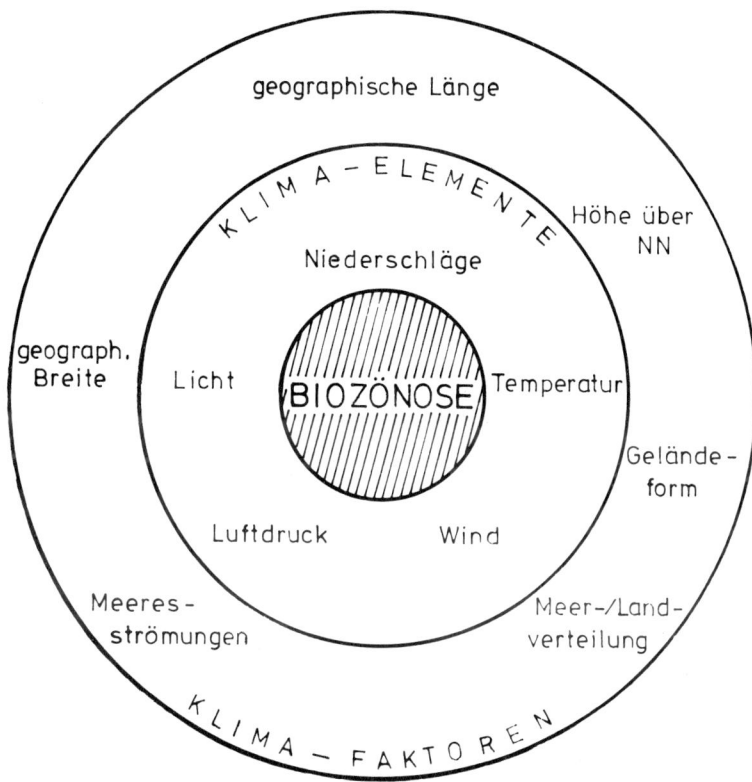

Abb. 7: Zusammenstellung der makroklimatischen Faktoren und Ele-
         mente, welche auf eine Biozönose einwirken

Innerhalb eines Großklimas (Makroklima) können (nach Danserau 1957,
zit. b. Stugren 1972) Faktoren von den Elementen unterschieden werden.
Als Faktoren gelten Breiten- und Längengrade, Verteilung von Kontinen-
ten und Meeren, Luftdruck, Geländeform und Meeresströmungen (wie z.
B. der warme Golfstrom oder der kalte Labradorstrom).

17

3.1. DIE EINSTRAHLUNG

Die auf die Erde über der Atmosphäre auftreffende Wärmeenergiemenge wird als die Solarkonstante bezeichnet. Ihr Wert S wird ausgedrückt in $cal/cm^2/min$, oder $cal \cdot cm^{-2} \cdot min^{-1}$. Durch Raketen wurde in 70000 m Höhe diese Konstante gemessen. Sie ergab einen Wert von 1,99 $cal \cdot cm^{-2} \cdot min^{-1}$, sodaß sie allgemein mit $2 cal \cdot cm^{-2} \cdot min^{-1}$ dargestellt wird. Zur Erdoberfläche hin nimmt die eingestrahlte Wärmeenergiemenge ab. Die Ursachen dafür sind Reflexion an der Wolkendecke, Reflexion als Streustrahlung, Absorption durch Wolken, Dunst oder Staub. Die auf dem Erdboden eintreffenden Strahlen setzen sich teils aus direkter Sonnenstrahlung, teils aus diffuser Strahlung aus den Wolken und schließlich aus diffuser Himmelsstrahlung zusammen.

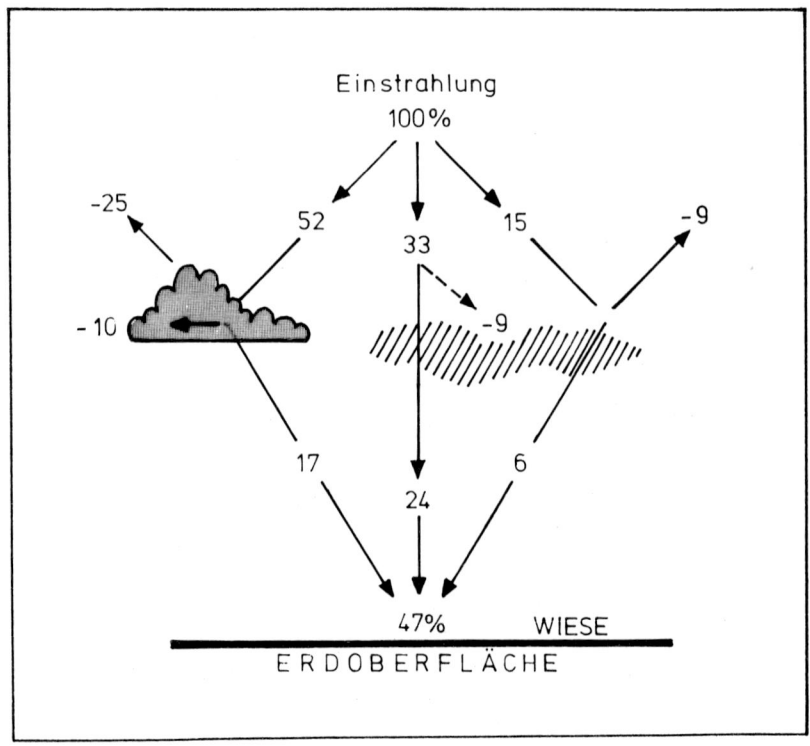

Abb. 8: Die Einstrahlung. Die in diesem Schema aufgeführten Zahlen sind Larcher 1973 entnommen. In anderen Werken finden sich um 1 - 3 % abweichende Zahlen. Für unsere Betrachtung genügen die Größenordnungen, sowie der Gesamtüberblick.

Innerhalb der Erdatmosphäre werden aus dem gesamten Spektralbereich von 0,29 bis etwa 3 μm, die kürzerwellige Strahlung bereits in der oberen Atmosphäre durch O_2 und O_3 absorbiert. Dies trifft vor allem auch für Strahlung unter 0,3 μm zu, welche in Pflanzen von Nucleoproteiden absorbiert werden könnte. UV-Strahlung unter 0,28 μm würde das genetische Material schädigen und damit einen limitierenden Faktor für das Leben darstellen.

Im Laufe der Evolution haben sich Pflanzenfarbstoffe gebildet, welche ihre Absorptionsfähigkeit speziell in dem Spektralbereich haben, der die Erdoberfläche erreicht.

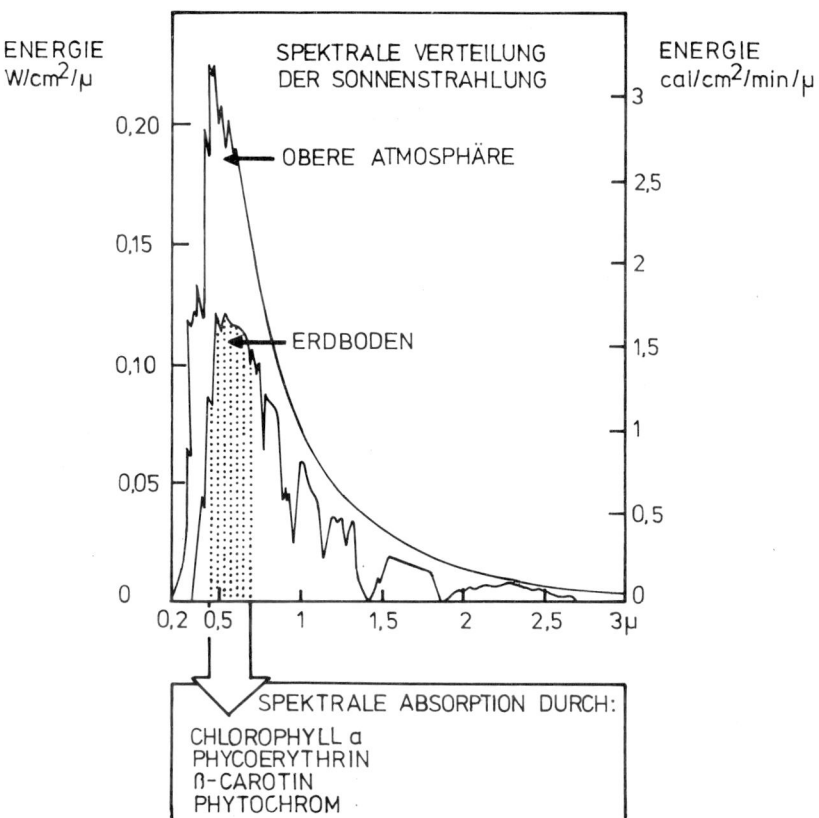

Abb. 9: Spektrale Absorption durch pflanzliche Farbstoffe. Der Abbildung ist zu entnehmen, daß es sich um die energiereichen kurzwelligen Strahlen handelt, welche zur Photosynthese herangezogen werden können

Was geschieht in der Wiese mit der auftreffenden Strahlung? Es steht bei weitem nicht alle eintreffende Strahlung tatsächlich zur Energiegewinnung in den Pflanzen zur Verfügung. Etwa 25 % werden von der Wiese selbst reflektiert, von 15 % nimmt man an, daß sie den Boden erreichen und in ihn eindringen. Von den restlichen 60 % der Strahlung wird ein Teil der Energie für Temperaturausgleich durch Wärmeleitung in den Pflanzen und in der Luftschicht zwischen den Pflanzen verbraucht, ein Teil geht durch Verdunstung verloren, so daß nur ein geringer Teil für die Photosynthese zur Verfügung steht und auch photochemisch gebunden wird. Insgesamt rechnet man damit, daß in unseren Breiten nur 1 % der Globalstrahlung durch die Assimilation ausgenützt wird. Vom photochemisch wirksamen Licht sind es allerdings 2, 7 %. Zu den Anpflanzungen mit dem höchsten Ausnutzungseffekt zählt das Zuckerrohr in den Tropen, welches 5 % des photochemisch wirksamen Lichtes umsetzen kann.

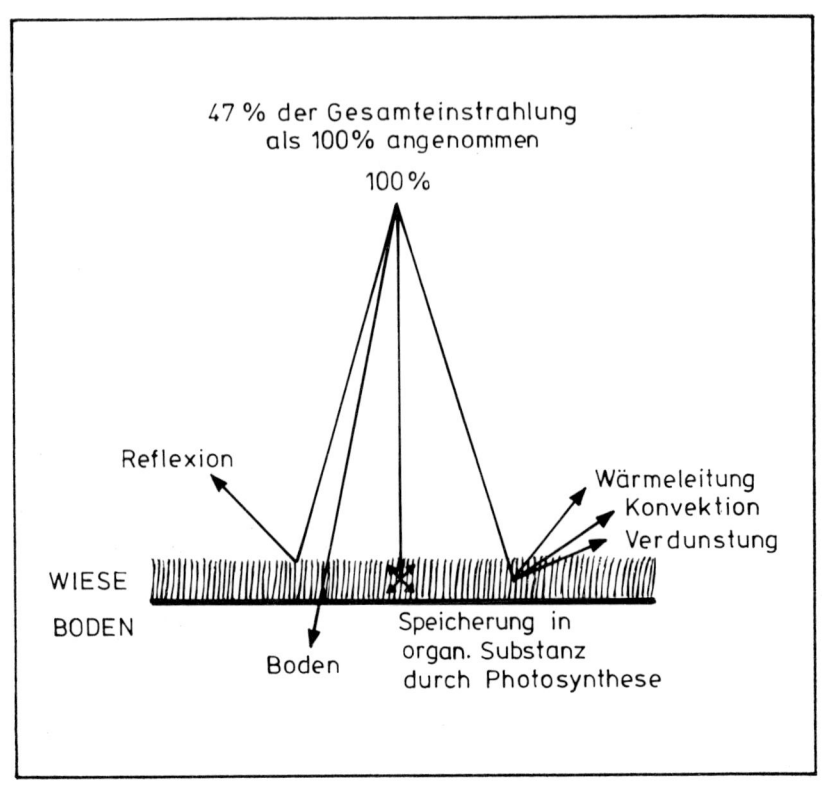

Abb. 10: Von der Strahlung, welche auf die Wiese auftrifft, steht nur ein geringer Teil für die Photosynthese zur Verfügung.

Gates (1971) gibt Zahlen für verschiedene Ökosysteme und ihre Nettoproduktion an. Als Nettoproduktion bezeichnet man die Gesamtproduktion der Pflanzen abzüglich der Dissimilation. In ihr kommt letztlich zum Ausdruck, was von der Einstrahlung in pflanzliche Masse umgesetzt wurde. Die Verwendung derartiger Zahlen ist insofern problematisch, als vielfach nur oberirdische Pflanzenteile erfaßt werden und immer nur Annäherungswerte vorliegen. Das Faktorengefüge ist in einem Ökosystem zu vielfältig und die Produktion zu schwankend, als daß sich z. B. für die Wiese schlechthin, auch wenn es nur für Mitteleuropa wäre, allgemeingültige exakte Zahlen eruieren ließen.

Spartina Gras in einer Salzmarsch (Georgia USA)	$9g/m^2$/Tag
Kiefernwald in England während der Jahre stärksten Wachstums	$6g/m^2$/Tag
Blattwerfender Laubwald in England	$3g/m^2$/Tag
Langgras-Prärie (Oklahoma, Nebraska)	$1,22g/m^2$/Tag
Kurzgras-Prärie (Wyoming)	$0,19g/m^2$/Tag
Wüste mit ca. 13 mm Nd. /Jahr	$0,11g/m^2$/Tag

Wie nimmt die Strahlungsintensität in einer Wiese ab?

Innerhalb eines Bestandes hängt die Strahlungsminderung von oben nach unten von der Belaubungsdichte und der Anordnung der Blätter ab.

Die Belaubungsdichte wird durch den Blattflächenindex (BFI) zahlenmäßig erfaßt. Dieser errechnet sich aus der Oberfläche der Blätter pro Bodenfläche:

$$BFI = \frac{\text{Gesamtsumme der Blattflächen } (m^2)}{\text{Bodenfläche } (m^2)}$$

Bei einem BFI von 3 wäre die Bodenoberfläche von einer 3mal so großen Blattfläche überlagert. Letztere kann in verschiedenen Niveaus angeordnet sein.

Je größer nun der BFI ist, desto mehr Strahlung wird von den Blättern absorbiert und reflektiert und umso weniger Strahlen erreichen den Boden.

Was die Wiese betrifft, sind mehrere Überlegungen anzustellen. Zunächst kommt es darauf an, ob breitblättrige Dicotyledonen (Klee, Sauerampfer u. a.) oder schmalblättrige Monocotyledonen (Gräser) überwiegen.

Breitblättrige Pflanzen, deren Blattstellwinkel (α) um 90° herum liegt, beschatten mehr, als die Grasblätter mit Anstellwinkeln über 90°.

Die Folge hiervon ist, daß bei Grasgesellschaften von oben her noch etwa bis zur Mitte der Bestandshöhe das Licht weitgehend ungehindert eindrin-

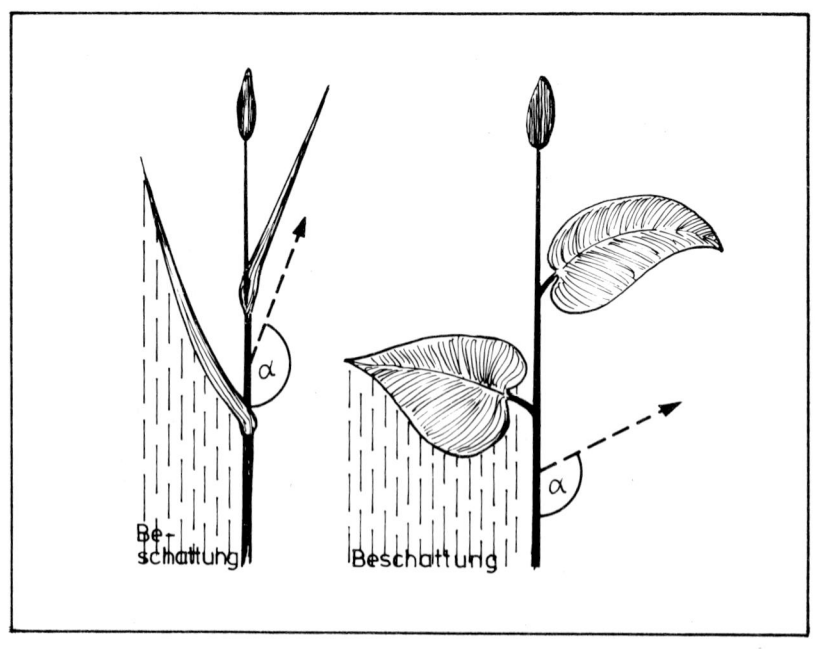

Abb. 11: Blattstellung und Beschattung. (Erkl. im Text)

gen kann, während in einem Kleebestand mit abgespreizten Blättern schon in den oberen Regionen ein starker Helligkeitsrückgang zu verzeichnen ist. In einer Hochstaudenflur kann schon in 80-90 cm Höhe die relative Strahlungsintensität auf 40 - 30 % absinken.

Die unterschiedliche Strahlungsintensität im Bestand einer Wiese ist jedoch nicht nur von der Morphologie der Pflanzen abhängig. Auch das Wachstum der Pflanzen spielt eine große Rolle. Wenn im Frühjahr das Wachstum in der Wiese beginnt, nimmt mit steigender Höhe der Pflanzen die Selbstbeschattung zu, d. h. die Strahlungsintensität in den unteren Regionen des Bestandes nimmt ab. Dies bleibt nicht ohne Wirkung auf die pflanzliche Stoffbildung durch die Photosynthese. Bereits bei voller Strahlungsintensität wird ein Teil der Assimilate im Zuge der Dissimilation (Atmung) verbraucht. Mit zunehmender Beschattung nimmt die Assimilation ab. Gleichbleibende Temperatur vorausgesetzt, bleibt jedoch die Atmungsintensität erhalten, so daß die entstehenden Assimilate alle wieder verbraucht werden (Assimilation = Dissimilation). Bei noch größerer Beschattung wird schließlich die Dissimilation stärker als die Assimilation (Assimilation < Dissimilation), der Stoffverbrauch größer, als die Stoffproduktion. (Die Rolle der Temperatur bei diesen Vorgängen wird im Kapitel über die Temperatur dargestellt.)

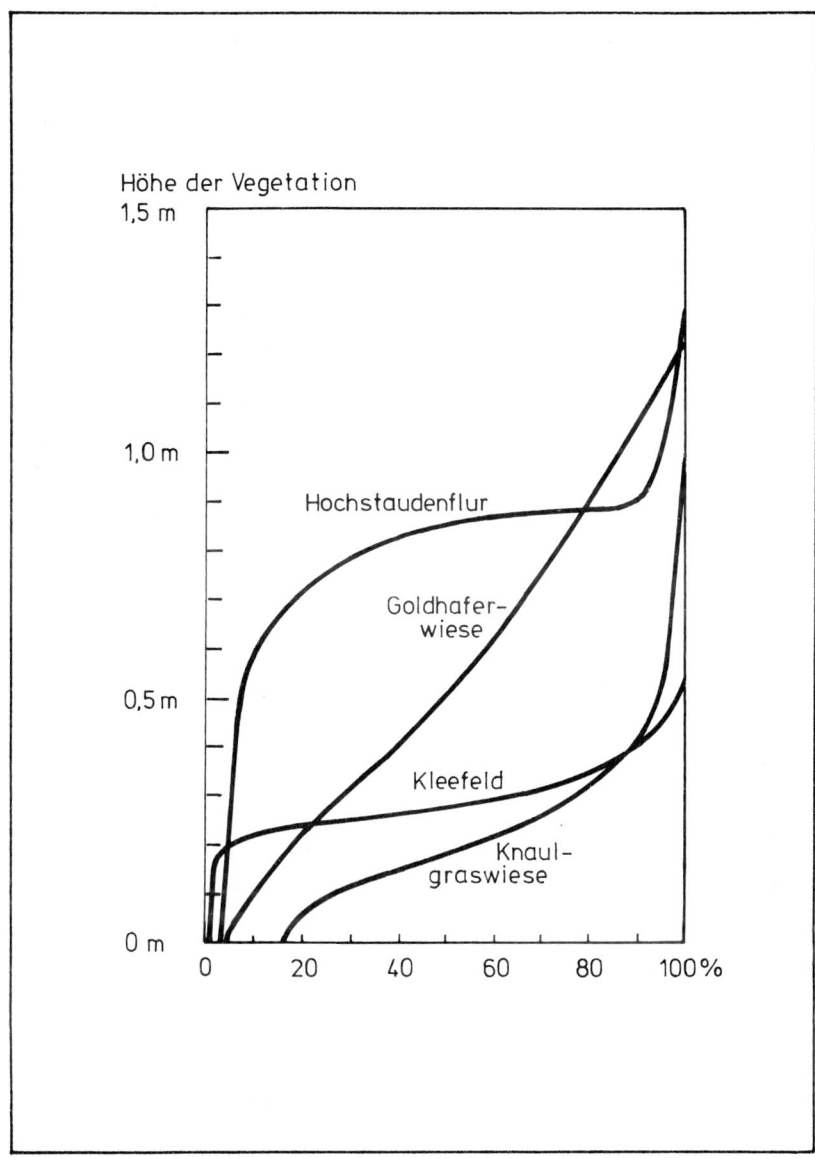

Abb. 12: Abnahme der relativen Strahlungsintensität in verschiedenen Pflanzengesellschaften. (n. versch. Autoren aus Larcher 1973 und Stugren 1972)

23

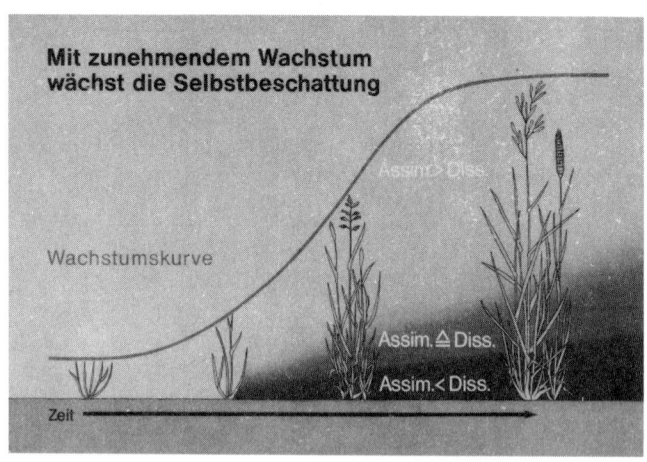

Mit zunehmendem Wachstum wächst die Selbstbeschattung

Assim. > Diss.

Wachstumskurve

Assim. ≙ Diss.
Assim. < Diss.

Zeit

<u>Abb. 13:</u> Mit zunehmender Größe der Pflanzen wächst in der Wiese die Selbstbeschattung

<u>Abb. 14:</u> Die Stoppeln der gemähten Wiese sind hellgelb, da durch frühere Beschattung die bodennahen Pflanzenteile noch bleich sind. (Verf.)

24

Eine radikale Änderung tritt mit der Mahd ein. Durch sie gelangt das Licht wieder bis auf den Boden, wo die neuen Triebe zu wachsen beginnen. Die ehemals stark beschatteten Basen liegen jetzt ausgebleicht, hellgelb zutage.

3.2.   DIE TEMPERATUR

3.2.1.   Temperatur und Wachstum

Wie alle Lebewesen haben auch Wiesenpflanzen ihr Temperaturoptinium. In gemäßigtem Klima beginnt deutliches Wachstum der Grünlandpflanzen bei 5°C; reichlicher Wuchs wird erst etwa bei 10°C erreicht. Bester Zuwachs für die meisten Gräser liegt zwischen 17° und 21°C. Über 25°C nimmt der Zuwachs wieder ab und endet bei etwa 30 - 35°C.

Für die Optimus-Kurve gibt es eine physiologische Begründung. Da sowohl bei der Photosynthese, wie bei der Atmung Enzyme mit einer gewissen Temperaturabhängigkeit beteiligt sind, beeinflußt der Faktor Temperatur auch die Gesamtprozesse. Ganz allgemein kann gesagt werden, daß innerhalb gewisser Grenzen auch für die Tätigkeit der Enzyme die Van

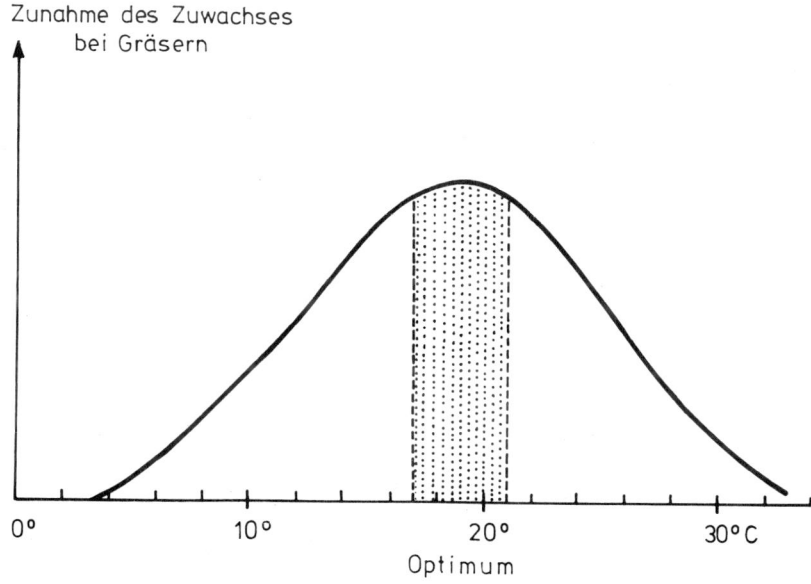

Abb. 15: Temperaturoptimumskurve für Gräser der Wiese

t-Hoffsche Reaktionsgeschwindigkeits-Temperatur-Regel (RGT-Regel) gilt, die besagt, daß sich die Reaktionsgeschwindigkeit bei einer Temperaturerhöhung um $10^{\circ}C$ jeweils verdoppelt.

Für die CO_2-Bindung sind maßgebliche Enzyme: RuDP-Carboxylase und PEP-Carboxylase. Bei Gräsern der gemäßigten Zone zeigt die RuDP-Carboxylase in ihrer Aktivität eine deutliche Temperaturabhängigkeit. Bis etwa $17^{\circ}C$ nimmt ihre Aktivität stark zu, behält dann einigermaßen das Niveau, sinkt bei 30° wieder ab und erlischt bei ca. $45^{\circ}C$ allmählich. Mit dieser Kurve läßt sich etwa die Optimumskurve für den Zuwachs begründen (Abb. 16).

Da aber sowohl das System der CO_2-Assimilation, wie das der Atmung (Dissimilation) temperaturabhängig ist, ergeben sich zwischen beiden Systemen etliche Bezüge, welche bereits angedeutet wurden. Was die Nettostoffproduktion betrifft, arbeiten beide Systeme gegeneinander. Geht man von der Bruttophotosynthese aus, läßt sich feststellen, daß sie durch Erhöhung der Temperatur und damit Aktivierung der Enzyme zunächst zunimmt, bis mangelhafte CO_2-Nachlieferung und andere hemmende Effekte zu einem Rückgang der Photosynthese führen (Abb. 17).

Die Atmung nimmt über einen längeren Bereich exponentiell zu und bricht bei hoher Temperatur rasch zusammen. Die Nettophotosynthese ergibt sich dann aus der Bruttophotosynthese abzüglich der Atmung.

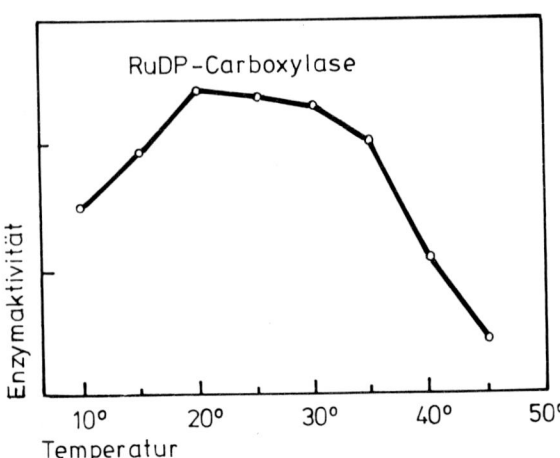

Abb. 16: Temperaturabhängigkeit der Aktivität des Enzyms RuDP-Carboxylase bei Gräsern der gemäßigten Zone. (n. Larcher 1973 versch. Autoren)

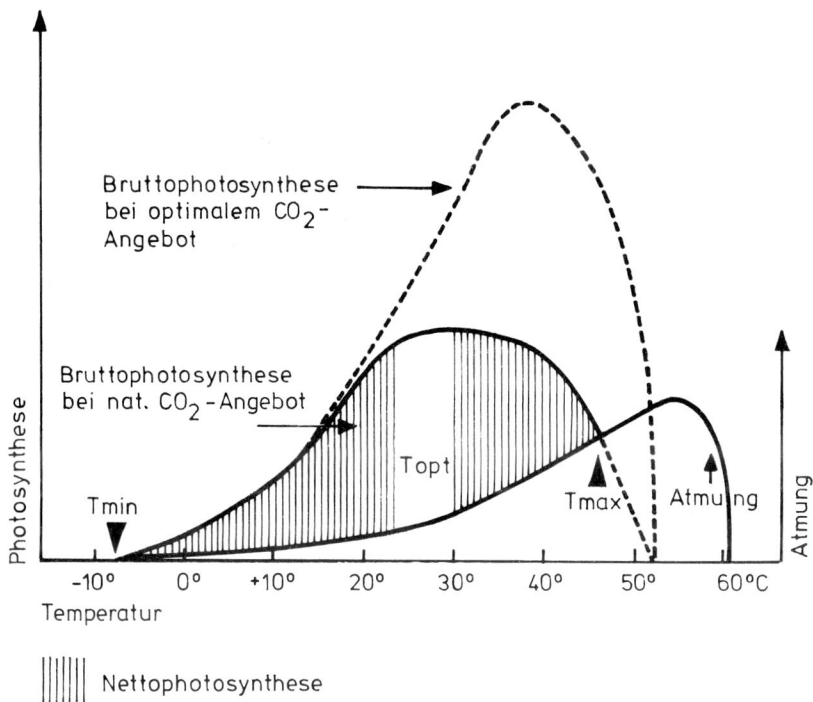

Bruttophotosynthese
bei optimalem CO_2-
Angebot

Bruttophotosynthese
bei nat. CO_2-Angebot

Photosynthese

Tmin

Topt

Tmax

Atmung

Atmung

-10°   0°   +10°   20°   30°   40°   50°   60°C

Temperatur

|||||| Nettophotosynthese

Abb. 17: Die Kurve der Bruttophotosynthese bei natürlichem CO_2-Ange-
bot sinkt über 30°C immer deutlicher ab, während gleichzeitig
die Atmungskurve steigt. Bei Tmax ist der Kompensations-
punkt erreicht, wo Assimilation = Dissimilation ist. Bei noch
höheren Temperaturen überwiegt dann die Dissimilation. (n.
Larcher 1973)

Ferner erschließt sich hieraus die Lage der Kältegrenze (Temperaturminimum), des Temperaturoptimums, sowie der Hitzegrenze (Temperaturmaximum) einer Nettophotosynthese.

Zieht man nun die klimatischen Temperaturdiagramme einiger europäi-
scher Orte heran, lassen sich Aussagen über die Möglichkeiten des Grä-
serwachstums machen (Abb. 18).

Aus der klimatischen Temperatur ergibt sich außerdem die Weidedauer
für Rinder. Sie beträgt in Südengland im Durchschnitt 250 Tage pro Jahr,
in Norddeutschland 210 bis 200, in Süddeutschland um 165 und in Osteu-

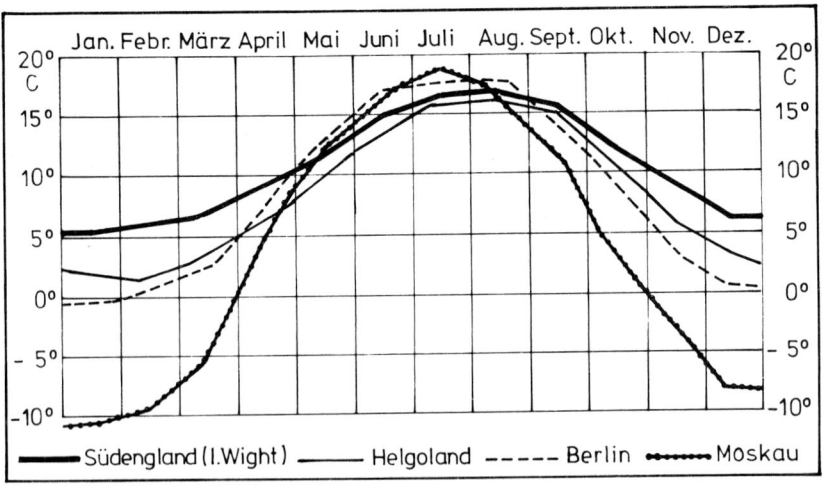

Jan. Febr. März April Mai Juni Juli Aug. Sept. Okt. Nov. Dez.

═══ Südengland (I.Wight) ──── Helgoland ----- Berlin •••••••• Moskau

Abb. 18: Das Temperaturdiagramm zeigt, daß in Südengland während
des ganzen Jahres die Temperatur nicht unter 5°C absinkt und
damit ständig das Gras weiterwachsen kann. Bei Berlin besteht
für 7 Monate lang und bei Moskau nur für 5 - 6 Monate die
Temperaturbedingung für Zuwachs

ropa (Polen) etwa 120 Tage pro Jahr. Je kürzer aber die Weidedauer ist,
desto mehr Heu muß als Futterreserve gewonnen werden und umso größer
wird der Zwang, Wiesen einzurichten.

In unserer Biozönose spielt auch die Temperatur des Bodens eine Rolle.
Seine Wärmekapazität ist von seiner Wärmeleitfähigkeit und von seiner
Feuchtigkeit abhängig. So erwärmt sich bei gleichartiger Einstrahlung
ein nasser Boden langsamer als ein trockener, weil seine Wärmeausstrah-
lung infolge Verdunstung größer ist. Da nasser Boden die Wärme leichter
in die Tiefe ableiten kann, als trockener, zeigt er auch geringere Erwärmung als trockener Boden. Andererseits ist die Wärmespeicherung eines
nassen Bodens größer und seine Abkühlung erfolgt langsamer.

	feuchter Boden	trockener Boden
Erwärmung	langsam	rasch
Wärmeausstrahlung	groß	gering
Wärmespeicherung	groß	gering
Abkühlung	langsam	rasch

Temperatureigenschaften von Böden

Diese Temperatureigenschaften mögen ein Grund dafür sein, weshalb
Kleintiere zur Winterruhe die Böden offener Gelände verlassen und feuchte Böden unter Waldstreu oder Uferwiesen aufsuchen.

28

3.2.2. Die Bedeutung der Verdunstung für die Temperatur des Mikroklimas

Es ist einmal ganz interessant, auszurechnen, wie hoch der Wärmeverlust ist, der durch Transpiration und Verdunstung entsteht. Walter 1951 gibt dazu ein Beispiel an, indem er eine Sandfläche und eine Rasenfläche bei Eberswalde miteinander vergleicht.

	Sandfläche	Rasenfläche
An Tagen nach Regen	2,38 l/m^2	2,80 l/m^2
An heiteren Tagen	0,47 "	2,15 "
An Dürretagen	0,26 "	1,14 "
Jahresdurchschnitt	177 l/m^2	366 l/m^2
das entspricht	177 mm Nied.	366 mm Nied.

Bei 500 - 600 mm Jahresniederschlägen wird also über die Hälfte (366 mm Nd) auf einer Rasenfläche verdunstet.

Aus dem Vergleich geht außerdem hervor, daß eine Rasenfläche im Jahresdurchschnitt etwa doppelt so viel Wasser verdunstet wie eine Sandfläche. Das hängt damit zusammen, daß bei nacktem Boden die Verdunstung aufhört, sobald der Boden oberflächlich abgetrocknet ist. Die Pflanzen können auch bei Trockenheit aus den tieferen Bodenschichten mit ihren Wurzeln Wasser aufnehmen und im Transpirationsstrom den Blättern zuleiten zur Verdunstung.

Welche Wärmemenge verbraucht demnach die Rasenfläche durch Verdunstung?

Die Verdampfungswärme des Wassers beträgt:

bei 40°C	575 cal = 2407 Joule
bei 25°C	582 cal = 2436 Joule
bei 0°C	595 cal = 2491 Joule

Wenn die Rasenfläche an einem heiteren Tag 2,15 l/m^2 oder 0,215 ml/cm^2 an Wasser abgibt, errechnet sich die Verdunstungswärme folgendermaßen: heiterer Tag bedeute 25°C

1 l Wasser verbraucht 582 cal
0,215 ml Wasser verbrauchen 0,215 · 582 = 125 cal/cm^2/Tag.

Nimmt man, wie früher angeführt, die Sonneneinstrahlung mit 2 cal/cm^2/min an, und außerdem, daß davon rund 50 %, also 1 cal/cm^2 pro min auf den Boden gelangt, dann sind das an einem Sommertag mit ca. 12 Stunden 720 cal/cm^2. Durch die Verdunstung im Laufe des Tages wird demnach die eingestrahlte Energie zweier voller Sonnenstunden verbraucht.

3.2.3. Wie hängt die Temperatur in der Wiese von der Höhe des Pflanzenbestandes ab?

Wie stark die Einstrahlung durch verschiedene Wiesenpflanzen zum Boden hin abgeschwächt wird, wurde bereits ausgeführt. Bei einer Wiesenvegetation von 1 m Höhe ist die Strahlung bis 50 cm Höhe hinab kaum abgeschwächt. Dann erfolgt aber wegen der dichter werdenden Blätter ein starker Abfall, so daß in der Regel nicht einmal mehr 20 % der Gesamtstrahlung den Boden erreichen.

Die Folge davon ist, daß die Temperaturverteilung in der Luftschicht einer Wiese eine andere ist, als in einer gleichhohen Luftschicht über nacktem Boden.

Folgendes ist zu beachten:

1. Die Pflanzendecke ist ein schlechter Wärmeleiter. Die absorbierte Wärme wird also zunächst einmal am Ort festgehalten.

2. Zwischen den Wiesenpflanzen ist der Luftaustausch erschwert.

3. Eine Wärmeverteilung wird hauptsächlich durch Strahlung von den wärmeren zu den kälteren Pflanzenteilen erfolgen.

4. Infolge des Wachstums, der Mahd, und des erneuten Wachstums, ändert sich die Höhe der Wiesenvegetation ständig, weshalb sich auch die klimatischen Faktoren der Wiese laufend verändern.

Geiger (1942) gibt die Verhältnisse für ein Roggenfeld an, das mit seinen vorwiegend vertikalen Pflanzenteilen im wesentlichen einer Wiese entsprechen mag. Es sei daher als Beispiel für die Temperaturverteilung und ihrer Abhängigkeit von der Vegetationshöhe hier erwähnt (Abb. 19 und 20).

Zusammenfassend kann dazu gesagt werden:

1. Die "aktive", "rückstrahlende" Oberfläche der Pflanzen rückt mit der Wuchshöhe nach oben. Damit rückt auch die Zone der großen Temperaturunterschiede in die Höhe.

2. Je niedriger und lockerer der Bestand, desto mehr nähern sich Temperatur und Feuchtigkeitsextreme denen einer nackten Bodenoberfläche. D.h. nach der Mahd nähern sich die Werte stark denen der nackten Bodenoberfläche.

Abb. 19: Mittägliche Temperaturverteilung in einem Winterroggenfeld. (n. Geiger 1942, verändert)

Abb. 20: Nächtliche Temperaturverteilung in einem Winterroggenfeld bei starker Ausstrahlung. (n. Geiger 1942, verändert)

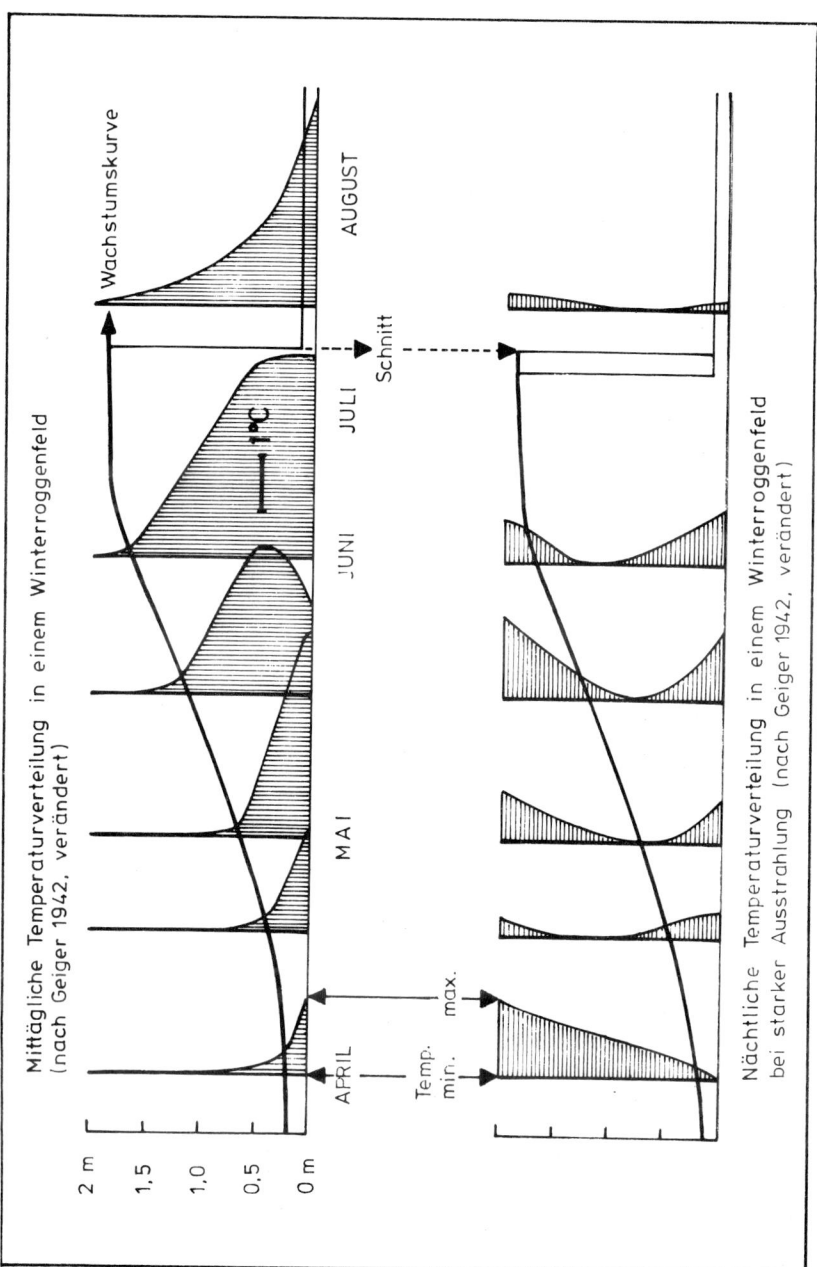

Mittägliche Temperaturverteilung in einem Winterroggenfeld
(nach Geiger 1942, verändert)

Nächtliche Temperaturverteilung in einem Winterroggenfeld
bei starker Ausstrahlung (nach Geiger 1942, verändert)

3. Das bestandseigene Klima (Mikroklima) wird umso ausgeprägter, je höher die Vegetationsschicht ist und je besser damit die Bodenoberfläche gegen die Atmosphäre abgeschirmt wird.

Alle diese Gesichtspunkte spielen für das Ökosystem Wiese mit ihren Pflanzen und Tieren im Bereich der abiotischen Faktoren eine wichtige Rolle.

3.2.4. Temperaturen in Pflanzen

Die mikroklimatischen Betrachtungen lassen sich in immer kleinere Räume der Biocönose weitertreiben. Dabei sind unter Umständen die Temperaturverhältnisse in Pflanzen von besonderer ökologischer Relevanz.

Geiger (1961) hat eine Reihe von Meßwerten zusammengestellt, welche Aussagen über mikroklimatische Verhältnisse an und in Pflanzen erlauben. Als Beispiel für eine Wiesenpflanze mögen hier die Temperaturmessungen von Büdel (1958) an Blütenständen des Löwenzahns (Taraxacum officinale) stehen, die in der Abb. 21 etwas verändert und vereinfacht dargestellt sind.

Deutlich zeichnen sich die hohen Temperaturen im Blütenkörbchen ab. Dies ist ökologisch insofern interessant, als diese Blütenstände eine spezielle Fauna beherbergen können. Da Nektarausscheidungen temperaturabhängig sind, drängt sich der Vergleich mit geheizten Wirtsstuben auf.

An lebenden Winterknospen der Küchenschelle (Anemone pulsatilla) und der Christrose (Helleborus niger) konnte festgestellt werden, daß sie bei Außentemperaturen von -12°C um 10°C wärmer waren, während tote Blütenknospen nicht über diese Temperaturerhöhung verfügten.

Abb. 21: Temperaturgang in einer Löwenzahnblüte (Taraxacum officinale) an einem Frühlingstag. (n. Büdel 1958; vereinfacht)

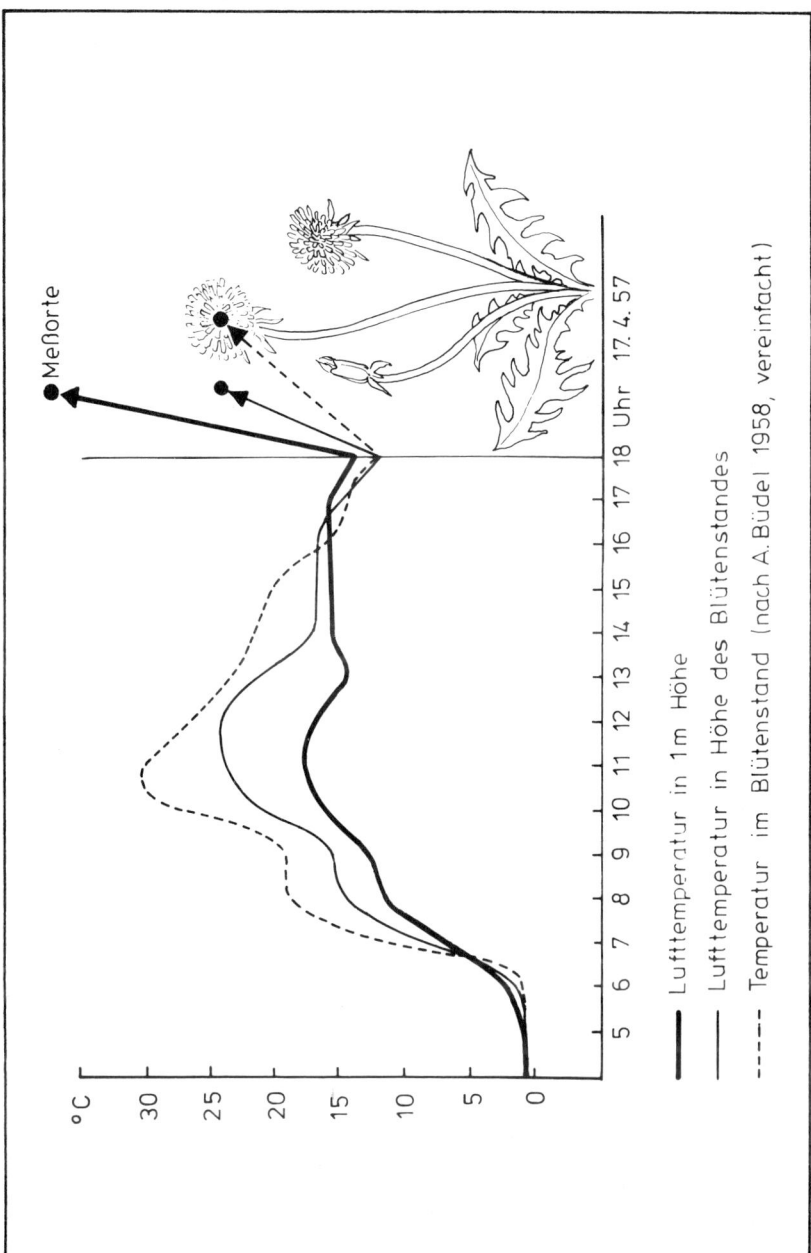

°C

30

25

20

15

10

5

0

5 6 7 8 9 10 11 12 13 14 15 16 17 18 Uhr 17.4.57

● Meßorte

—— Lufttemperatur in 1m Höhe

—— Lufttemperatur in Höhe des Blütenstandes

----- Temperatur im Blütenstand (nach A. Büdel 1958, vereinfacht)

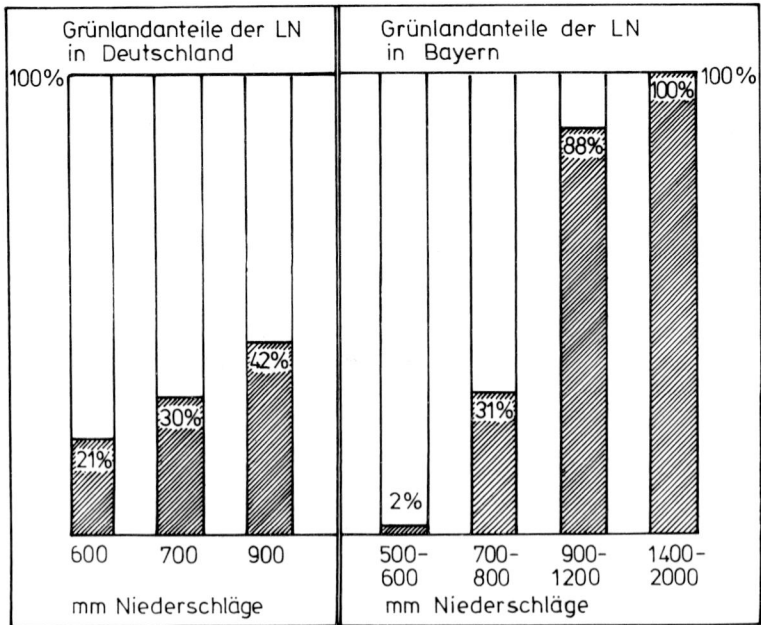

Abb. 22: Mit zunehmenden Niederschlägen nimmt in Deutschland
auch der Anteil des Grünlandes an der LN zu. (Daten aus
Klapp 1971 und PLV 1972)

3. 3. 1.   Der Bedarf an Niederschlägen

Der Abb. 22 ist zu entnehmen, daß der Flächenanteil des Grünlandes in
Deutschland mit zunehmenden Niederschlägen steigt. Würde man dies in
einer Kurve ausdrücken, dann ließe sich diese allerdings nicht weiter
fortsetzen, da die Zonen mit noch mehr Niederschlägen in den Gebirgen
liegen. Dort treten Höhenfaktoren auf, weshalb (wie z. B. in Thüringen
gemessen wurde) die Wiesenerträge dann wieder abnehmen.

Wieviele Niederschläge eine Wiese benötigt, kann nicht verallgemeinert
gesagt werden, da dies weitgehend vom Boden abhängt. So können auf
tiefgründigem Boden 600 - 650 mm Nd/Jahr gute Erträge erbringen, wogegen auf Sandboden selbst bei 800 - 900 mm Nd./Jahr wegen der geringen Wasserspeicherung des Sandbodens keine Grasnarbe entstehen kann.

Für Deutschland werden daher zum Gedeihen von Wiesen Beträge zwischen 600 und 1070 mm Nd./Jahr angegeben.

3.3.2. Was geschieht mit den Niederschlägen?

Zahlen sind zu dieser Frage kaum zu erlangen, weshalb wir uns mit einem qualitativen Schema begnügen wollen (Abb. 23).

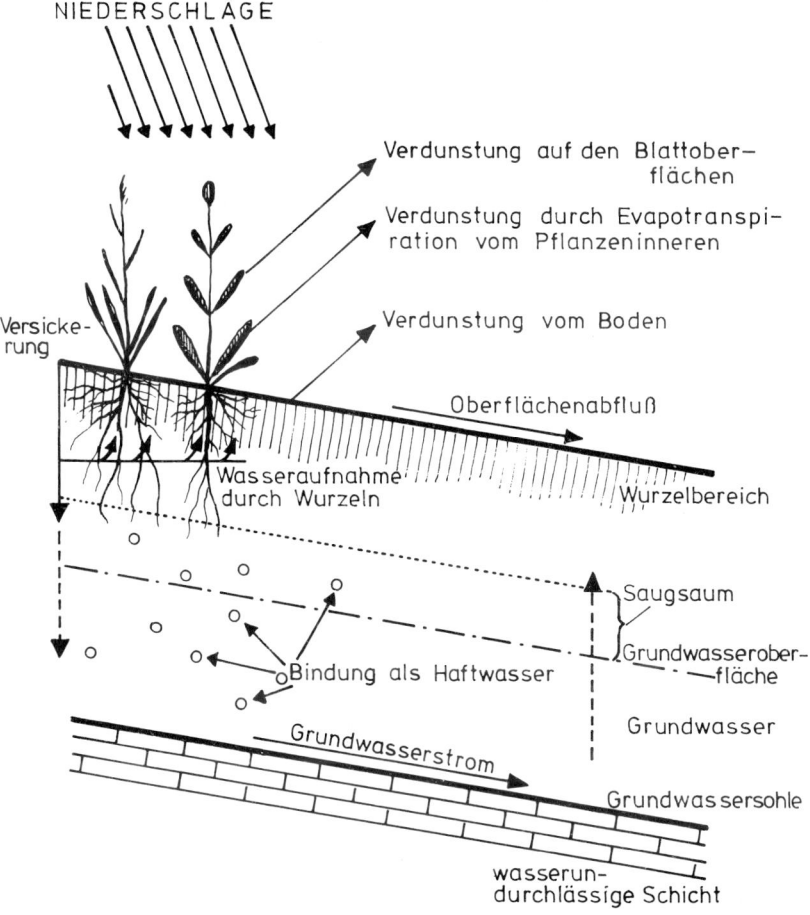

Abb. 23: Der Weg des Regenwassers. (Erkl. im Text)

Ein Teil der Niederschläge - wieviel ist schwer zu sagen - verdunstet bereits auf den Blattoberflächen der Pflanzen. Der oberflächliche Abfluß ist infolge der Grasnarbe gering. Einiges Wasser wird vom Boden weg verdunsten. Das Niederschlagswasser, welches in den Boden eindringt, kann im Wurzelbereich direkt von den Pflanzen aufgenommen und dem Transpirationsstrom zugeführt werden, wodurch es schließlich zur Verdunstung kommt (Evapotranspiration). Etliches wird als Haftwasser von den Bodenkolloiden und Krümeln festgehalten. Wasser das weiter in die Tiefe versickert, wird dem Grundwasserstrom zugeführt. Vom Grundwasser führen je nach Bodenart mehr oder weniger zahlreiche Kapillaren nach oben in den Saugsaum, einen Raum aufsteigenden Grundwassers. Während das Grundwasser selbst wegen seines Sauerstoffmangels Pflanzenwurzeln nicht zuläßt, können diese doch, soweit sie den Saugsaum erreichen, ihren Wasserbedarf indirekt aus dem Grundwasser ergänzen.

Bei einer Grasnarbe ist sowohl der Wurzeltiefgang (10 - 20 cm) wie die Förderwirkung des Saugsaumes recht begrenzt. Bei genügend Niederschlägen und einem wasserhaltenden Boden kann eine Wiese auch ohne Anschluß an das Grundwasser gedeihen. Böden mit starken Sickerverlusten oder mit Trockenzeiten und hohen Verdunstungsverlusten führen allerdings dann zum Austrocknen. Andererseits entsteht bei zu hohem Grundwasserspiegel Staunässe. Ökologisch wichtig ist, daß die Grasnarbe sowohl Verlust durch Oberflächenabfluß, wie durch Versickerung einschränkt.

Tau und Nebel spielen nach allgemeiner Ansicht für die Wiesenpflanzen eine untergeordnete Rolle. Für die gesamte Biozönose mit ihrer Tierwelt, dürften diese Faktoren allerdings einige Bedeutung haben.

3.3.3.   Konkurrenz von Wiesengräsern bei verschiedener Grundwassertiefe

Die Konkurrenz verschiedener Wiesengräser untereinander bei unterschiedlicher Grundwassertiefe wurde durch H. Walter in Hohenheim geprüft (Walter, H. 1964). Die Versuchseinrichtung bestand aus einem künstlich angelegten Beet, dessen Erde von 1,50 m auf 0 m Höhe über dem Wasserspiegel auskeilte.

Hierbei ließen sich bei Reinsaaten von Gräsern jeweils Optimumskurven aufstellen (Abb. 24), welche deutlich die optimale Entwicklung bei bestimmter Grundwassertiefe anzeigten.

Wurden aber die Gräser in Mischsaat ausgesät, so traten sie miteinander in Konkurrenz, wodurch es zur Verschiebung der Optimumskurven kam (Abb. 25).

Wiesenfuchsschwanz (Alopecturus pratensis), Fromental (Arrhenatherum elatius) und die Aufrechte Trespe (Bromus erectus) sind in Mitteleuropa drei wichtige Wiesengräser, von denen das erste auf feuchten, das zweite

36

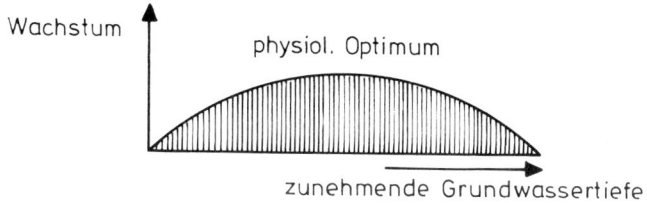

Wachstum

physiol. Optimum

zunehmende Grundwassertiefe

Abb. 24: Wachstum von Wiesengräsern bei zunehmender Grundwasser-
tiefe. Bei Reinsaat einer Art haben die meisten untersuchten
Arten ein Optimum bei mittlerem Grundwasserstand.
(Walter, H. 1964)

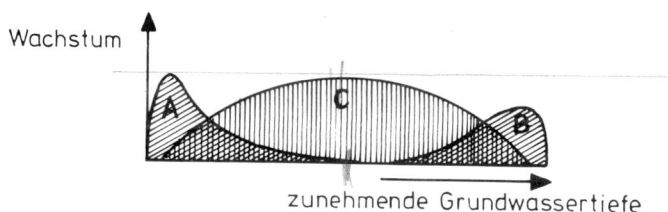

Wachstum

zunehmende Grundwassertiefe

Abb. 25: Bei Aussaat in Mischkultur nehmen die konkurrenzfähigsten
Arten den optimalen Bereich ein und verdrängen die anderen
Arten in die feuchteren bzw. trockeneren Zonen. Dort können
sich diese dann frei vom Konkurrenzdruck entfalten
A = Wiesenfuchsschwanz; B = Aufrechte Trespe; C =Fromental
und Knaulgras (n. Walter, H. 1964)

auf frischen, das dritte auf trockenen Wiesen zur Vorherrschaft gelangt.
Sät man sie jedoch auf Parzellen aus, bei denen der Grundwasserspiegel
sich von 0 bis 150 cm Tiefe ändert, so zeigen sie in Reinsaat alle drei
ein Wachstumsoptimum bei einem mittleren Grundwasserstand. Erst in
Mischsaat bemerkt man ein ökologisch unterschiedliches Verhalten. Fromental und Knaulgras sind die konkurrenzfähigsten Arten, die für sich
die optimalen Standorte bei mittlerem Grundwasserstand einnehmen und
dabei den Wiesenfuchsschwanz auf die feuchte Seite und die Aufrechte
Trespe zur trockenen Seite hin verdrängen.

3.4. DER WIND

Man kann sich gut vorstellen, daß eine Grasnarbe gegenüber Wind weniger empfindlich ist, als nackter Ackerboden oder Wald mit seinen hohen Bäumen. Inwieweit Windschutzstreifen den Grasertrag fördern könnten, ist noch nicht geklärt.

Im mikroklimatischen Bereich der Grasnarbe wird allerdings der Windschutz den die Pflanzen kleineren Tieren bieten, eine Rolle spielen. Ebenso haben Luftbewegungen zur Verfrachtung von Pollen und von Duftstoffen eine Bedeutung. Luftbewegungen sind eigentlich immer in einer Wiese; man braucht nur einmal versuchen, eine Nahaufnahme von Grashalmen an Ort und Stelle zu machen. Lediglich in bodennahen Schichten kommen die Luftbewegungen zum Stillstand.

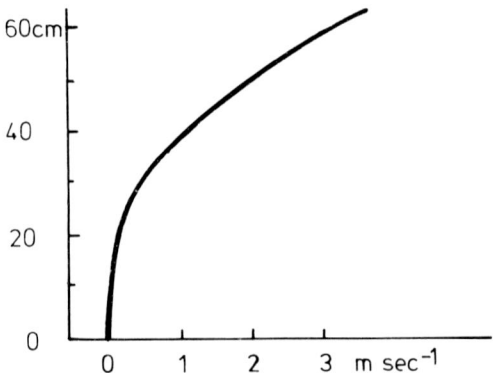

Abb. 26: Windverhältnisse in einer 50 cm hohen Wiese (Juni)
(n. Waterhouse, zit. Geiger 1961; umgezeichnet)

3.5. ZUSAMMENFASSUNG DER MIKROKLIMATISCHEN VERHÄLTNISSE IN EINER WIESE

Bei dem zitierten Beispiel, in Abb. 27 handelt es sich um eine 50 cm hohe Wiese in Schottland, deren Klimadaten an einem sonnigen Junitag von 15 - 16.00 Uhr nach vorangegangenem Niederschlag gemessen wurde.

Der Wasserdampfdruck (e) ist in unmittelbarer Bodennähe am größten. Die relative Luftfeuchtigkeit nimmt von oben nach unten bis nahe zum Sättigungspunkt zu. Der Verlauf des Sättigungsdefizits (E - e) ist ähnlich wie die Temperaturkurve (t), was durch die Temperaturabhängigkeit bedingt ist. In Bodennähe ist bei höchster relativer Luftfeuchtigkeit und niedriger Temperatur erwartungsgemäß das Sättigungsdefizit am geringsten. In den höheren Schichten steigt das Sättigungsdefizit mit steigender Temperatur und geringerer relativer Luftfeuchtigkeit.

Keine Aussagen sind in diesen Kurven getroffen über die tages- und jahreszeitlichen Schwankungen der einzelnen Gradienten. Hinweise dazu finden sich in der Abb. 19 über die Temperaturverteilung in einem Winterroggenfeld.

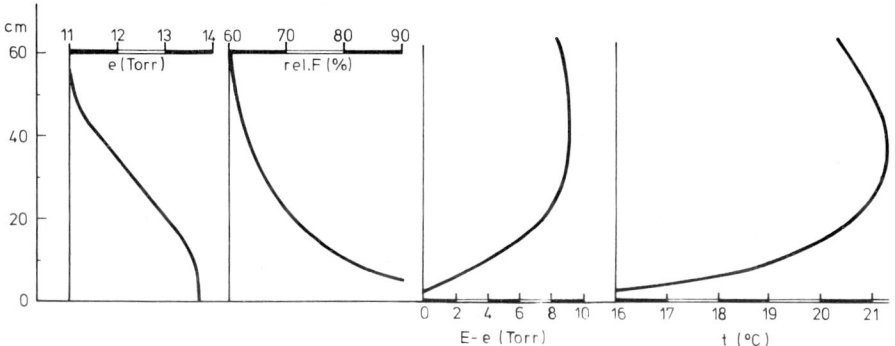

Abb. 27: Mikroklima einer 50 cm hohen Wiese an einem Junitag, 15 - 16.00 Uhr (n. Waterhouse zit. Geiger 1961; verändert)

4. DER BODEN

Der Boden selbst ist für die Pflanzen kein Wachstumsfaktor; er ist der
Träger und Vermittler der Wachstumsfaktoren: Wasser, Wärme, Mineralsalze.

Seiner Träger- und Vermittlereigenschaft wird er gerecht durch Porenvolumen, Wasserführung, Luftführung, Minerale und pH-Wert. Die Pflanzen ihrerseits erschließen durch das Wurzelwachstum den Boden. Ihr
Vermögen, sich das Wasser anzueignen hängt ab von der Dichte des Wur-
zelwerks seiner Saugkraft und seinem Tiefgang (Abb. 28).

Die Mineralsalze (Nährsalze) bezieht der Boden, soweit nicht gedüngt
wird, aus dem Untergrund. Ihre Ionen sind wiederum abhängig vom
Transport durch das Bodenwasser. Die Verteilung von Luft und Wasser
muß im Boden so sein, daß die Pflanzen einerseits nicht an Wassermangel
trotz genügender Luft vertrocknen und andererseits bei Wasserüberschuß
und Luftmangel nicht ersticken. Die Zusammenhänge sind äußerst vielfältig, so daß es den Rahmen dieser Betrachtung sprengen würde, weiter
darauf einzugehen. Hier sei auf die einschlägigen Lehrbücher der Boden-
kunde verwiesen.

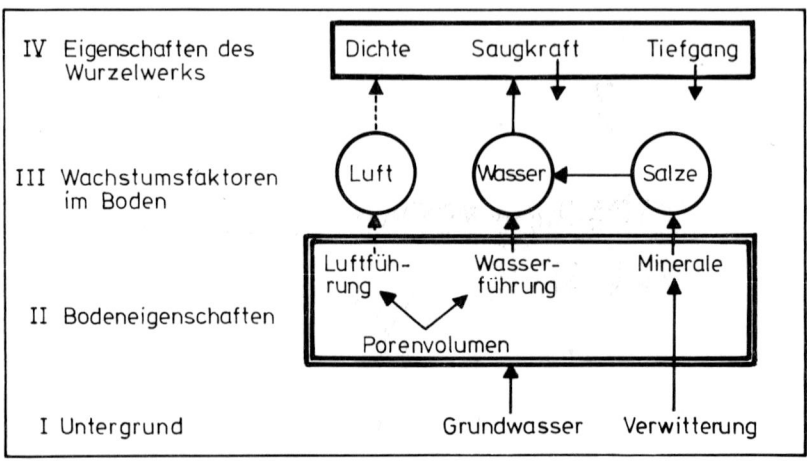

Abb. 28: Schema zum Zusammenwirken einiger Faktoren im Boden

40

4.1. BODENPHYSIKALISCHE FAKTOREN

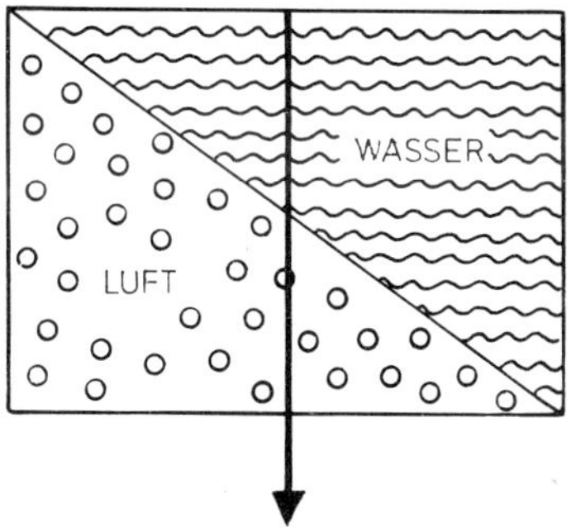

Zu starke Lockerung und Durchlüftung. Boden wird trocken

Anzeigerpflanzen:
Wiesenlabkraut
Brennesseln
Doldenblütler

WASSER

LUFT

Zu dichte Bodenstruktur, luftarme Vernässung.

Anzeigerpflanzen:
Binsen
Seggen
Hahnenfuß

Gleichmäßige Durchlüftung,
gute Wasserleitfähigkeit,
gute Wärmeleitfähigkeit.
Wertvolle, ertragreiche Gräser

Abb. 29: Die Wirkungen von Luft und Wasser im Wiesenboden

Bei Ackerböden wird durch Umbrechen der Scholle immer wieder der Boden gelockert und durchlüftet. Man möchte nun meinen, daß bei einer Wiese, die nie künstlich gelockert wird und sogar als Weide evtl. dem Viehvertritt ausgesetzt ist, der Boden eine zu große Dichte und zu geringes Porenvolumen bekommen könnte. Infolge des Wurzelfilzes der Gräser (abgestorbener, wie lebender) ist aber das Gegenteil der Fall. Die Wurzelmasse kommt Stallmistgaben gleich. So haben Wiesen gegenüber Hackfruchtfeldern, Getreide- und Luzernefeldern das größere Porenvolumen.

4.2. BODENCHEMISCHE FAKTOREN

Die Wirkung des durch den pH-Wert ausgedrückten Säure/Basen-Verhältnisses im Boden beruht darauf, daß durch seinen Einfluß die Verfügbarkeit notwendiger oder schädlicher Elemente wirksam wird. Auch physikalisch und biologisch wird der Boden durch den pH-Wert beeinflußt.
Hoher pH-Wert ($>$ 6) mindert oft die Verfügbarkeit von Spurenelementen (B, Cu, Mn, aber auch P, K); niederer pH-Wert ($<$ 6) setzt pflanzenschädliche Aluminium- und Schwermetallionen frei.
Nach Klapp wirkt sich die Bodenreaktion mehr auf den Pflanzenbestand (Futterwert) als auf den Ertrag aus. Der optimale Bereich liegt für viele Wiesen zwischen schwach sauer und schwach alkalisch (ca. pH = 5 bis etwas über 7).

41

5. DER MENSCH ALS FAKTOR DER BIOZÖNOSE

5.1. DER MENSCH ALS TEIL DES GANZEN

Der Mensch ist durch die Mahd nicht nur Verursacher der Wiese, er gehört vielmehr als wirtschaftendes Wesen zum Ökosystem der Wiese dazu. Dieser Sachverhalt kann sowohl am Beispiel der Düngung, wie der Schädlingsbekämpfung oder des Energiehaushaltes in der Wiese erläutert werden.

Greifen wir das Beispiel der Düngung heraus. Durch die Düngung ergibt sich ein verstärktes Wachstum der Pflanzen, wodurch wiederum ein höherer Hektarertrag bei der Mahd entsteht. Dies hat höheren Gewinn zur Folge. Mit Hilfe des Gewinnes kann eine wirtschaftliche Verbesserung der Wiese erfolgen und weitergeführt werden. Stille Teilhaber am Ertrag, wie Mäuse und andere Schädlinge werden mit Hilfe des Gewinnes bekämpft, woraus wiederum eine Ertragssteigerung erfolgt.

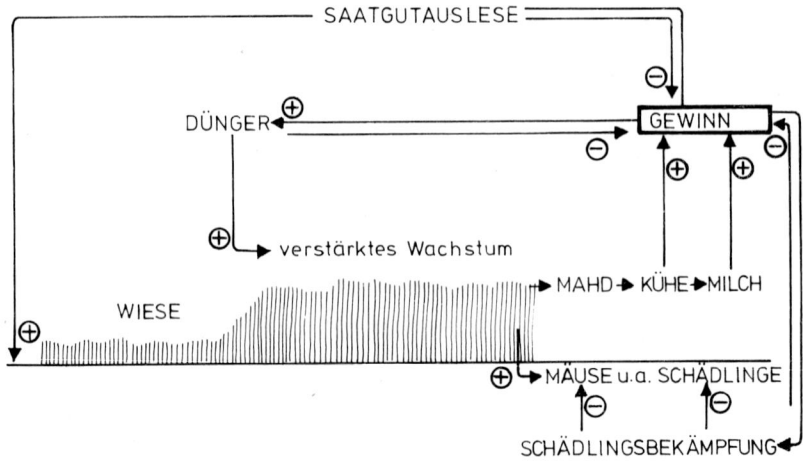

Abb. 30: Einwirkungen des Menschen auf die Wiese. Durch Düngung der Wiese erfolgt verstärktes Wachstum. Dies führt zur Erhöhung des Gewinnes. Mit Hilfe des Gewinnes kann weitere wirtschaftliche Verbesserung herbeigeführt werden. Stille Teilhaber am Ertrag (Mäuse, andere Schädlinge) werden ebenfalls mit Hilfe des Gewinnes bekämpft, woraus wiederum eine Ertragssteigerung folgen kann. Da Saatgutauslese, Düngung und Schädlingsbekämpfung aus dem Gewinn finanziert werden müssen, sind sie vom Kapital her negativ zum Gewinn orientiert.

42

Der Mensch trimmt durch seine Eingriffe die Biozönose dorthin, wo er
sie zu seinem größten Nutzeffekt haben will. Von dieser Seite gesehen ist
es interessant, das mehr oder weniger künstliche Ökosystem einer Wiese
mit einem Hochmoor zu vergleichen, das fast ausschließlich natürlichen
Faktoren unterworfen ist.

5.2.   DER MENSCH SCHAFFT MECHANISCHE FAKTOREN

Nachdem die Wiese eine, von der Mahd her definierte Biozönose ist, wird
der Schnitt, egal ob er 1, 2 oder 3 mal im Jahr erfolgt, der entscheidende
ökologische Faktor sein. Weitere mechanische Faktoren, wie das Walzen
der Wiese, das Befahren oder die vorübergehende Beweidung mit Fraß
und Viehvertritt, haben dagegen für die Biozönose nur untergeordnete Bedeutung.

Erst der Schnitt schafft die ökologische Situation für Pflanzen und Tiere,
welche für die Wiese typisch ist. Als begrenzender mechanischer Faktor
erlaubt er nur jenen Pflanzen und Tieren in der Wiese zu leben, welche
in irgend einer Weise mit ihm fertig werden. Wie dies die einzelnen
Pflanzen und Tiere schaffen, ist einer der reizvollsten Gesichtspunkte für
die Behandlung der Wiese im Unterricht.

Geschnitten wird Gras, seit es Sicheln und Sensen gibt, und die ersten
tauchen in der Bronzezeit auf. Ausgedehnte Wiesen gibt es allerdings wie
schon erwähnt, erst seit dem 19. Jahrhundert. Wann und wie oft gemäht
wird, hängt von vielen Bewirtschaftungsfaktoren ab, auf die wir hier nicht
einzugehen brauchen. In mitteleuropäischen Wiesen sind 2 - 3 Schnitte am
häufigsten, wobei der 3. Schnitt auch durch Beweidung ersetzt werden
kann. In höheren Lagen mit kurzen Sommern, etwa in den Alpen, wird
häufig nur einmal gemäht und das Heu auch heute noch teilweise zuerst im
Heustadel gespeichert und dann im Winter oft recht mühselig mit Schlitten
zu Tal befördert.

Natürlich stehen auch bei der Beweidung mechanische Faktoren im Vor-
dergrund. Trotzdem bestehen erhebliche Unterschiede in den Auswirkungen bei Heuwiesenmahd oder Dauerbeweidung. Der folgende Vergleich
soll dies erläutern.

Vergleich der Wirkungen von Heuwiesenmahd und Dauerbeweidung.

Mahd	Dauerbeweidung
1. Wiesenmahd erfolgt nach langer Zeit ungestörten Wachstums des Grases und des Wurzelsystems häufig bei hohem Blühstadium. Die bodennahen Teile sind ausgebleicht, mit schwacher Assimilation.	Weidenarben erreichen fast nur vegetatives Stadium, oder noch den Schoßbeginn. Die Ausdehnung des Wurzelsystems ist eingeschränkt.
2. Schlagartig wird in gleicher Höhe das aktive Blattwerk beseitigt. Die Assimilation wird fast vollständig unterbunden.	Beweidung erfolgt in unterschiedlicher Höhe; die Assimilation wird zwar eingeschränkt, aber nie unterbrochen.
3. Das Mikroklima wird vorübergehend verschlechtert.	Die verbleibende Restnarbe bewahrt Mikroklima und mildert Witterungsextreme in Bodennähe.
4. Der Boden neigt zur Auflockerung.	Der Boden neigt durch Weidegang zur Verdichtung.
5. Meist geringe Bestockung mit lockerer Grasnarbe.	Starke Bestockung mit dichter Grasnarbe.
6. Artenreichtum mit verschiedenen Wuchsformen	Artenärmer mit weniger verschiedenen Wuchsformen.

Beides sind Folgen verschiedener Selektions- und Konkurrenzwirkungen durch Schnitt, Biß, Tritt, Selbstbeschattung, Kot usw.

7. Entzogene Minerale müssen durch künstliche Düngung ersetzt werden.	Exkremente der Weidetiere gleichen den Verlust größtenteils aus.

Angemerkt sei, daß der Vergleich bei Variation der Nutzungsformen wie z. B. Mehrschnitt und Vielschnitt, Rationsweide oder Mähweide, anders ausfallen würde.

Der 2-3 malige Schnitt ist für die Wiese als Ökosystem vor allem auch ein Zeitfaktor, und zwar nicht im Sinne von Zeitgebung (Rhythmisierung), sondern als zeitliche Begrenzung (Limitierung). Viele Pflanzen und Tiere müssen z. B. bestimmte Lebensperioden (Blühen, Befruchtung, Samenbildung, Begattung u. s. w.) vor dem Schnitt, im Schutz und Mikroklima der Grasnarbe abgeschlossen haben, wenn Sie in der Biozönose bestehen sollen. Wie dies geschieht, wird in gesonderten Abschnitten untersucht.

5.3. DIE DÜNGUNG

5.3.1. Ertragssteigerung

Durch Düngung kann, je nach Ausgangsmaterial eine Wiese beeinflußt
werden. Klapp konnte nachweisen, daß je schlechter der Kulturzustand
eines Grünlandes ist, desto stärker es auf Düngung anspricht. Bei ödland-
artigen Wiesen sind Ertragssteigerungen von 200 - 400 % durch NPK-
Düngung fast die Regel: Je höher die Leistung einer ungedüngten Wiese
ist, desto geringer ist die relative Düngewirkung auf den Ertrag.

Ungedüngt	PK-Düngung	NPK-Düngung
Heu dz/ha	relativ	
14,7 = 100 %	228 %	302 %
34,3 = 100 %	154 %	174 %
49,0 = 100 %	125 %	141 %

N = Stickstoff, P = Phosphor, K = Kalium

5.3.2. Wirkung auf den Pflanzenbestand

Der Pflanzenbestand einer Wiese im schlechten Kulturzustand besteht gewöhnlich aus wirtschaftlich leistungsschwachen Arten, welche meist gerade deshalb dort leben, weil sie an eine dürftige Mineralienzufuhr angepaßt sind. Durch Düngung werden nun leistungsstärkere, anspruchsvollere
Arten gefördert, die damit an die Stelle der wirtschaftlich weniger erwünschten treten.

Für den wirtschaftenden Mensch kommt es nicht auf Artenreichtum und
Buntheit der Wiese an, sondern auf deren Ertrag. Durch die Düngung
schlecht kultivierter Wiesen wird auch die Artenzahl verringert. So läßt
sich durch Düngung und durch andere Bearbeitungsmaßnahmen der wan-
delbare Pflanzenbestand zu höheren Erträgen hin lenken.

Der Artenwechsel kann nach Klapp bei Stickstoffdüngung auf einer 2-
Schnittwiese folgendermaßen verlaufen:

Wiese auf nährstoffarmer Fläche
  1. Anspruchslose, schwachwüchsige Arten

Nach Volldüngung mit NPK
  2. Bestandveränderungen durch Arten mit mäßigen Ansprüchen

  3. Arten mit höheren Ansprüchen treten auf (soweit sie als Samen
     oder Kümmerpflanzen schon vorhanden waren)

4. Förderung von Kleearten durch Stickstoffanreicherung im Boden.

5. Allmähliche Benachteiligung der Kleearten.

6. Soweit leistungsfähige Wiesenpflanzen fehlen, müssen diese jetzt eingesät werden.

7. Diese Saat führt zur Artenverringerung, zur Vereinfachung des Bestandes und dem Vorherrschen anspruchsvollerer Arten.

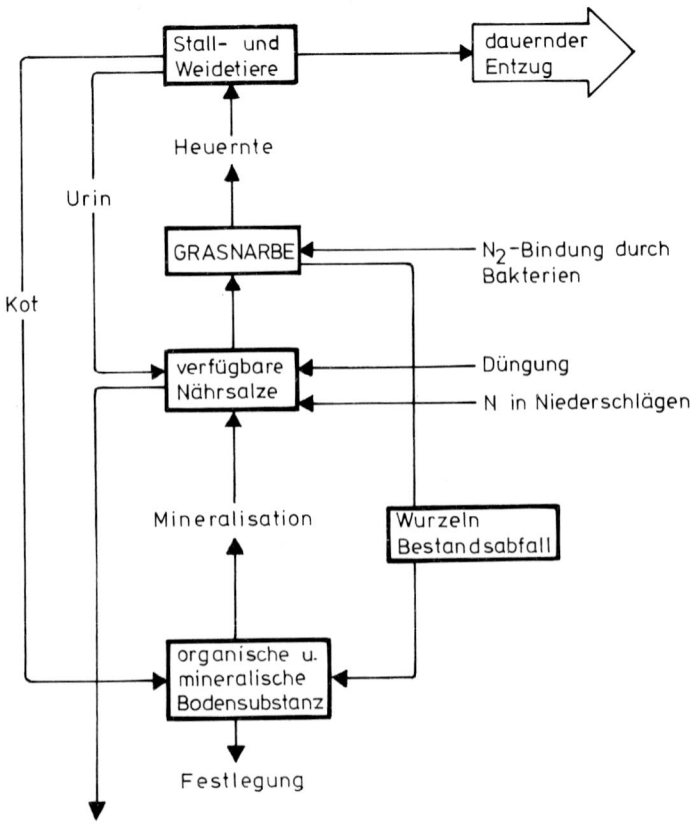

<u>Abb. 31:</u> Nährstoffkreislauf (n. Klapp 1971, abgeändert). Die Bedeutung der einzelnen Elemente für Wiesen ist vielfältig und kann in diesem Rahmen nicht weiter dargestellt werden. Hierzu gibt es eine umfangreiche Literatur.

5. 4.   SAATGUT

Der Mensch beeinflußt die Biozönose weiterhin dadurch, daß er die Artenauswahl nicht nur dem Kräftespiel in der Natur überläßt, sondern aktiv einzugreifen versucht, durch die Auswahl von Saatgut.

Grünlandsaat kommt in Frage bei Neuanlage einer Grasnarbe auf bisher
anders genutzter Fläche, oder bei Verbesserungsversuchen auf vorhan-
denem Grünland durch Umbruch der alten Narbe und Neusaat.

Über die Frage, ob durch Umbruch und Neusaat tatsächlich eine Verbesserung erreicht wird, gingen die Meinungen lange Zeit weit auseinander,
da langzeitliche exakte Versuche fehlten.

Klapp zufolge läßt sich der Sachverhalt etwa folgendermaßen darstellen.

Da sind zunächst Erwartungen, die an Umbruch und Neusaat gestellt
werden:

1. Bodenverbessernde Wirkung durch Lockerung
   Durchlüftung des Bodens, Humifizierung der alten Narbe, Ein-
   bringung von Nährstoffen in tiefere Bodenschichten.

2. Grundlegende Verbesserung des Pflanzenbestandes durch Aussaat
   züchterisch bearbeiteter Pflanzen.

3. Wirkungsvollste Unkrautbekämpfung durch restlose Vernichtung
   aller Arten.

Dies klingt alles sehr einleuchtend, konnte jedoch in Experimenten nicht
bestätigt werden.

zu 1. Die Zerstörung der alten Narbe führt zunächst zu starker Boden-
lockerung, aber dann auch

zu raschem Abbau der organischen Substanz
zur Verringerung des Humusgehaltes
zur Abnahme stabiler Krümelung im Boden
zur Zerstörung der Bodengare
zur Verkleinerung des Porenvolumens
zur Bodenverdichtung

Dies gilt mit Ausnahme von Moorböden.

zu 2. Gelungene Aussaat nach Umbruch verbessert zunächst die Flora
eines schlechten Grünlandes. Da aber im Handel erhältliches Saatgut
ortsfremd gewachsen und ackerbaulich vermehrt wurde, fehlt ihm häufig
die Standortsanpassung bodenständiger Flora (spezifische Ausdauer,
Winterfestigkeit, Nutzungsanpassung und so weiter).

Die Folge ist:
Die Aussaatbestände sind der natürlichen Selektion unterworfen, bis sich

wieder bodenständige Formen herausgebildet haben. (Ob Zuchtsorten nachhaltigen Vorteil bringen, ist nach Klapp bisher nicht nachgewiesen).

Umbruch und Ansaat schließen erhöhte Risiken ein (Sorgfalt, Witterung). Sie verursachen hohe Kosten (Bodenbearbeitung, Saatgutkauf, Bestellung, Pflegemaßnahmen, Nachfolgekosten).

zu 3. Widerstandsfähige, weit verbreitete Unkräuter können durch Umbruch zwar bekämpft werden, ihre Verursachung (Standorts- und Bewirtschaftungsmängel) sind damit aber nicht beseitigt.

Es wird also immer eine Güterabwägung zu treffen sein, wenn ein Umbruch geplant ist.

Eines wird an diesem Beispiel klar, daß eine Biozönose wie die Wiese, Eingriffen nicht einfach passiv folgt, sondern aktiv, vielschichtig reagiert und zwar u. U. anders als der Mensch es erwartet.

Soll Umbruch vermieden werden, wird häufig zur Verbesserung die Nachsaat angewendet. Dabei wird nach oberflächlicher Bodenbearbeitung (Walzen, Fräse, Egge, Scheibenegge) in die vorhandene Grasnarbe das Saatgut erwünschter Futterpflanzen eingebracht. Die alte Narbe wird dabei nur bearbeitet, nicht zerstört und Teile der bodenständigen Flora bleiben erhalten.

Kriterien für Aussaatwürdigkeit von Arten können sein:

1. Hohe Anpassungsfähigkeit (entspricht weiter Verbreitung)
2. Ausreichende Konkurrenzkraft in Mischsaaten
3. Die Nutzungsfähigkeit.

Bei Mischungen für Mähwiesen liegt der Nachdruck auf den Obergräsern, bei Weidewiesen jedoch auf Untergräsern.

Mischungsbeispiele für Dauerwiesen - in kg/ha

Pflanzenart	leichte bis mittlere, trockene bis frische Böden	mittlere bis schwere feuchte Böden	Moorböden
Wiesenschwingel	12	16	16
Glatthafer	6	2	-
Lieschgras	4,5	6	8
Goldhafer	0,5	-	-
Wiesenrispe	4,5	5	6
Rotschwingel	4,5	2	4
Rotklee	2	2	1
Weißklee	-	3	1
Hornschotenklee	2	-	-
insgesamt	36	36	36

Mischungsbeispiele für Weiden und Mähweiden - in Kg/ha

Pflanzenart	Dauerweiden (intens. Nutzung) 5-6malig. Umtrieb	Dauerweiden (extens. Nutzung) 3-4malig. Umtrieb	Mähweiden
Wiesenschwingel	12	12	12
Deutsches Weidelgras	9	6	8
Lieschgras	4	4	4
Goldhafer	-	0,5	-
Wiesenrispe	7	6	5 5
Rotschwingel	-	4,5	3
Weißklee	4	3	4
Hornschotenklee	-	-	-
insgesamt	36	36	36

(Tabellen nach BLV 1972).

Ansaatwürdige Gräser von allgemeiner Bedeutung sind:
    Glatthafer (Arrhenatherium elatius)
    Wiesenfuchsschwanz (Alopecurus pratensis)
    Goldhafer (Trisetum flavescens)
    Wiesenschwingel (Festuca pratensis)
    Lieschgras (Phleum pratense)

Knaulgras (Dactylis glomerata)
Deutsches Weidelgras (Lolium perenne)
Wiesenrispengras (Poa pratensis)
Weißklee (Trifolium repens)

Als gänzlich ungeeignet für die Ansaat werden bezeichnet:
Welches Weidelgras (Lolium multiflorum)
Rotklee (Trifolium pratense)

Letztere unterdrücken durch große "Kampfkraft" am Anfang ihre Mischungspartner, so daß diese sich nicht entwickeln können. Infolge ihrer Kurzlebigkeit hinterlassen sie dann Lücken, wo sich Unkräuter ansiedeln.

Ökologisch entscheidend ist die Tatsache, daß das Mischungsverhältnis einer Ansaat in der Weiterentwicklung durchaus nicht etwas statisches ist, das in gleicher Weise erhalten bleibt. Im Konkurrenzkampf entwickeln sich die Anteile im Laufe der Jahre unterschiedlich weiter. In Abb. 34 ist das Beispiel einer Bestandsentwicklung einer zweischürigen Wiese dargestellt.

Lolium perenne wird schon im 2. Jahr stark zurückgedrängt zugunsten von Trifolium repens und Trisetum flavescens. Dactylis glomerata hält sich 3 Jahre hindurch gleichmäßig, nimmt aber dann stark zu, wie andererseits Poa pratenis schon im 3. Jahr zunimmt. Lolium perenne, das 70 % der Saat ausmachte, ist im Bestand nach 5 Jahren unter 10 % abgesunken.

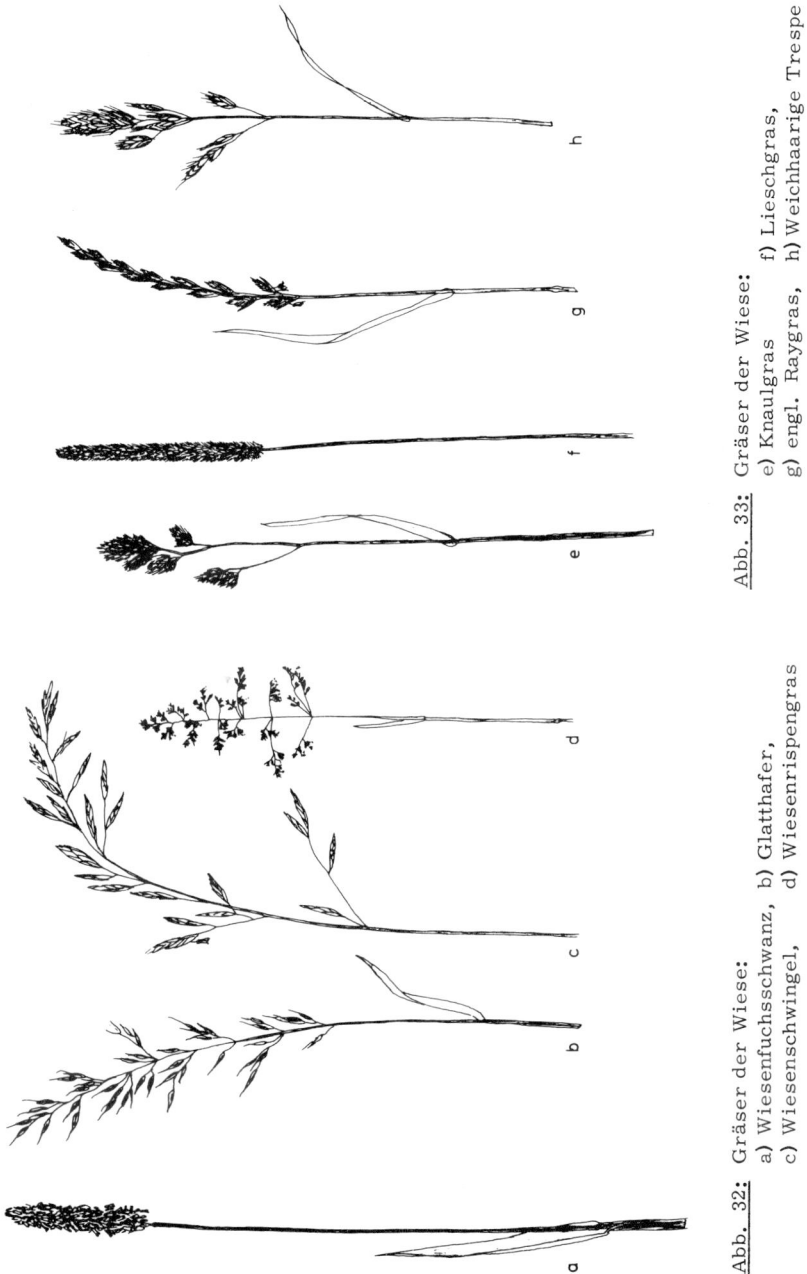

Abb. 32: Gräser der Wiese:
a) Wiesenfuchsschwanz, b) Glatthafer,
c) Wiesenschwingel, d) Wiesenrispengras

Abb. 33: Gräser der Wiese:
e) Knaulgras   f) Lieschgras,
g) engl. Raygras, h) Weichhaarige Trespe

51

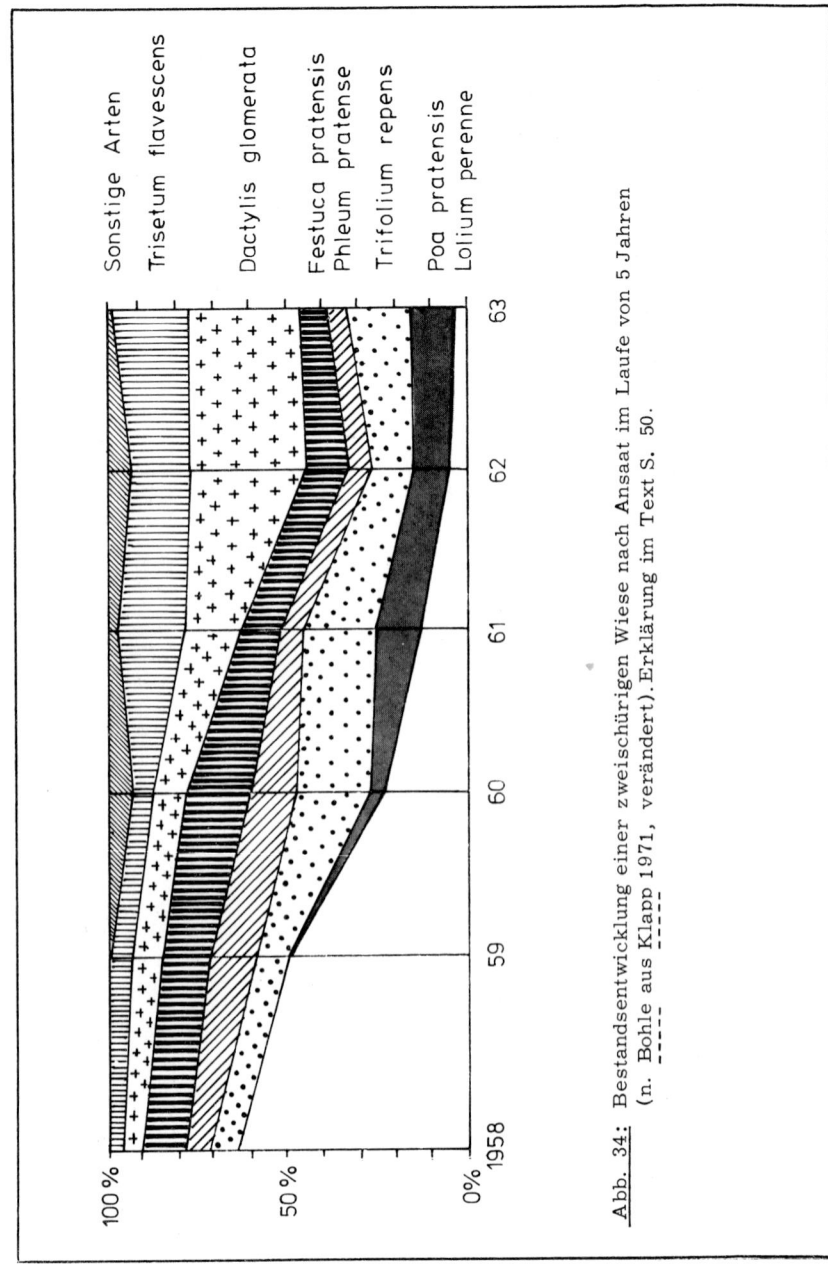

Sonstige Arten

Trisetum flavescens

Dactylis glomerata

Festuca pratensis
Phleum pratense

Trifolium repens

Poa pratensis
Lolium perenne

Abb. 34: Bestandsentwicklung einer zweischürigen Wiese nach Ansaat im Laufe von 5 Jahren
(n. Bohle aus Klapp 1971, verändert).Erklärung im Text S. 50.

6. UNKRÄUTER IN DER WIESE

6.1. WAS IST EIN UNKRAUT?

Von der Definition her sind Unkräuter alle diejenigen Pflanzen, welche gegen den Willen des Menschen und ohne sein Zutun auf landwirtschaftlichen oder anderen Nutzflächen wachsen und dadurch anderen Pflanzen Bodenraum, Licht, Wasser und Mineralsalze streitig machen oder sie in anderer Weise im Wachstum behindern und im Ertrag schmälern. Unkräuter können demnach auch Kulturpflanzen sein, wenn sie in andersartigen Beständen auftreten, z. B. Roggen in Wintergerste. Viele Unkräuter zeichnen sich gegenüber Kulturpflanzen durch ihre größere Vitalität aus, die sich z. B. in jahrelanger Keimfähigkeit der Samen, oder schneller Vermehrungsfähigkeit äußern kann.

Demnach gibt es in einer rein natürlich entstandenen Biozönose keine Unkräuter. Da aber die Wiese eine künstliche Biozönose ist, spielen hier Unkräuter auch eine entsprechende Rolle. Die Frage ist dann jeweils die, inwieweit stören hier Unkräuter die vom Menschen für seine Vorhaben günstige Pflanzengesellschaft?

In der Landwirtschaft ist der Unkrautbegriff nur vom Nützlichkeitsstandpunkt und zwar mehr im Hinblick auf den Massenertrag als auf den Futterwert geprägt. Man wird demnach bei einer Pflanze überlegen:

1. Inwieweit sie den Massenertrag mindert, etwa dadurch, daß sie mit breiten Blättern das Heranwachsen von Futterpflanzen verhindert,
2. inwieweit sie Giftstoffe für das Vieh enthält,
3. inwieweit sie zwar eine Konkurrenz zu anderen Futterpflanzen darstellt (s. 1.) aber durch ihren Gehalt an Geschmacks-, Geruchs- und Wirkstoffen den Futtergehalt verbessert,
4. inwieweit sie auf Weiden von Tieren gemieden wird und dadurch erhöhte Überlebens- und Verbreitungschancen gegenüber anderen Pflanzen hat u. s. w.

Dadurch wird klar, daß es im Einzelfall nicht immer ganz leicht ist, zu entscheiden ob eine Pflanze jetzt ein Unkraut ist oder nicht. Je nach Gesichtspunkt kommen daher verschiedene Autoren zu unterschiedlichen Ergebnissen. Ein gewisser Artenreichtum bewahrt immerhin auch vor Mangelerkrankungen des Viehs. Nicht umsonst haben viele Autoren darauf hingewiesen, daß schon durch die Artenverarmung wie sie als Folge starker Stickstoffdüngung auftritt, Mangelerscheinungen als Folgen von Mindergehalten an Spurenelementen entstehen können. Aus diesen Gründen ist auch verständlich, wenn vor einer totalen Entkrautung der Grünlandbestände und einer zu weitgehenden Unkrautbekämpfung gewarnt wird.

Eine weitere Frage ist allerdings, in welchem Umfang man ein Kraut, welches in geringer Menge zwar den Futterwert einer Wiese erhöht, in größerer Menge aber störend oder gar giftig wirkt, zurückdämmt, ohne es total auszuschalten.

6.2. HERKUNFT DER UNKRÄUTER

Die Herkunft der Unkräuter ist unterschiedlich. Ein großer Teil stammt aus der Wildflora des eigenen Landes (Apophyten). Dies trifft vor allem für Wiesenunkräuter zu.

Etliche kommen aus der vorgeschichtlichen Heimat der Kulturpflanzen oder von deren Wanderwegen (Archaeophyten). Dies sind vor allem die Ackerunkräuter.

Wieder andere sind erst in historischer Zeit zu uns gekommen (Neophyten).

Aus dem südwestlichen Asien oder dem Mittelmeergebiet kamen an Archaeophyten u. a. :

Taumellolch (Lolium temulentum)
Roggentrespe (Bromus secalis)
Flughafer (Avena fatna)
Kornrade (Agrostemma githago)
Kornblume (Centaurea cyanus)
Klatsch- und Bastardmohn (Papaver rhoeas u. hybridum)
Windenknöterich (Polygonum convolvulus)
Ackersenf (Sinapis arvensis)

Neophyten sind z. B. aus Vorderasien:

Bingelkraut (Mercurialis annua)
Wicken (Vicia pannonica u. villosa)

Von Nordamerika bürgerten sich seit dem 17. Jahrhundert ein:

Nachtkerze (Oenothera biennis)
Kanadisches Berufskraut (Erigeron canadense)

Seit Anfang des 19. Jhdts. kam aus Peru das

Knopfkraut (Galinsoga parviflora)

Natürlich fanden auch zahlreiche Wanderungen von Europa aus in andere Kontinente statt. Zu ihnen gehören in Nordamerika:

Quecke (Agropyron repens)
Brennessel (Urtica dioica)
Vogelmiere (Stellaria media)
Natternkopf (Echium vulgare)
Ackerdistel (Cirsium arvense)
Wegericharten (Plantago)
Gänsefuß (Chenopodium)
Knöterich (Polygonum)
Gänsedistel (Sonchus)

54

Wegewarte (Cichorium intybus)
Johanniskraut (Hypericum perforatum)
und andere, welche dort teilweise zu viel lästigeren Unkräutern wurden
als in der Alten Welt.

6. 3.　　UNKRÄUTER UND POLYPLOIDIE

Häufig haben polyploide Pflanzen infolge ihrer größeren Variationsbreite
ein besseres Anpassungsvermögen als diploide Formen. Dies wurde auch
für Unkräuter nachgewiesen (Tischler. G. u. Wulff 1963). Ihre diploiden
Formen sind häufig den speziellen Anforderungen, welche durch die
menschlichen Einflüsse auf die Umwelt bewirkt werden, nicht gewachsen.

So ist der Kleine Sauerampfer (Rumex acetosella) nur in seiner hexaploi-
den Rasse ein schädliches Unkraut. Bei der oktoploiden Form ist das Optimum für die Pflanze bereits überschritten.

Von vielen Unkräutern kennt man überhaupt nur Polyploidie:
Fumaria officinalis, Stellaria media, Polygonum aviculare, Impatiens
parviflora, Convolvulus arvense, Veronica agrestis (ebenso V. persica,
V. hederacea), Senecio vulgare, Taraxacum officinale, Agropyron repens.

Pflanzen, deren diploide Rassen im Vorkommen gegenüber polyploiden
beschränkt sind: Ranunculus repens, Capsella bursa pastoris, Cerastium
arvense, Aegopodium podagraria, Galium aparine, Achillea millifolium,
Madricaria maritima inodora, Cirsium arvense, Solanum nigrum, Poa
annua, Galeopsis tetrahit.

Ranunculus repens ist mit 4n (n = 16 oder 8) anscheinend stets tetraploid.

Capsella bursa pastoris scheint als Tetraploide (4n; n = 16) ihren Sieges-
zug über die ganze Welt angetreten zu haben. Nur noch an wenigen Stellen
kommt sie diploid vor.

Aus der Gattung Cerastium (n = 17, 18 oder 19) ist überhaupt keine diploide Form bekannt.

Aegopodium podagraria (4n; n = 22) ist nur aus Portugal diploid bekannt.

Galium aparina (8n; n kann sein: 22, 33) existiert hauptsächlich oktoploid.

Achillea millefolium kommt mit 2n bis 6n vor.
Plantago media (2n - 4n)
Rumex acetosella (n = 7) kommt diploid in S- und SW-Europa, hexaploid
in Zentral- und Nordeuropa und Oktoploid als Langstagspflanze im Hohen
Norden vor.

Es gibt Unkräuter, wie auch Kulturpflanzen, die aus Art- oder Gattungs-
kreuzungen hervorgehen und von ihren Eltern her genetisch sowie struk-
turell unterschiedliche Chromosomensätze haben. Dabei kann der väter-
liche Chromosomensatz 1n und der andersartige mütterliche ebenfalls 1n
betragen; man spricht dann von Alloploidie. Da es bei der Meiose zu
Paarungsschwierigkeiten der Chromosomen kommt, sind Fertilisations-
störungen die Folge. Diese treten jedoch bei allodiploiden (2n + 2n) Formen nicht auf, weil ja hier die Chromosomen in der Meiose ihre Homolo-
gen finden können. Wird ein Gamet einer allodiploiden Form nach der Re-
duktionsteilung (1n + 1n) von einem Gameten einer normalen diploiden
Form (1n) befruchtet, kommt es zur Triploidie, genauer Allotriploidie,
da es sich um verschiedenartige Chromosomensätze handelt.

Die folgenden drei Beispiele mögen dies veranschaulichen.

1. Beispiel

    ART I (2n; n = 10)   ART II (2n; n = 11)

nach der Meiose: 1n   X   1n

nach der Befruchtung:

             1n   +   1n
          (N = 10)   (n = 11)

Da bei der Meiose im Bastard keine exakte Homologenpaarung möglich
ist, wird diese neue Form wahrscheinlich unfruchtbar.

2. Beispiel

Liegen die Ausgangsarten tetraploid vor, dann entstehen dort bei der
Meiose diploide Formen:

    ART I (4n; n = 10)   ART II (4n; n = 11)

nach der Meiose: 2n   x   2n

nach der Befruchtung:

             2n   +   2n
          (n = 10)   (n = 11)

Es entsteht eine neue, allotetraploide Form. Bei deren Meiose kann Homologenpaarung stattfinden, weshalb diese Art auch zur geschlechtlichen
Fortpflanzung fähig ist.

3. Beispiel

Wird diese tetraploide Form jedoch von einer diploiden befruchtet, entsteht Triploidie:

ART III (4n; 2n + 2n)   ART IV (2n; n 13)

nach der Meiose: 1n + 1n   x   1n

nach der Befruchtung:

1n + 1n + 1n

Es entsteht eine neue allopolyploide Form. Diese ist triploid und enthält 3 verschiedene Chromosomensätze (n = 10, 11 und 13); sie ist Allotriploid. Bei einer Meiose ist Homologenpaarung nicht möglich, weshalb auch diese Form geschlechtlich unfruchtbar sein wird.

Nun darf allerdings nicht der Eindruck erweckt werden als ob alle Unkräuter polyploid wären. Etliche haben auch als Diploide ihre Landeroberungen gemacht. Zu ihnen gehören: Oenothera biennis, Urtica urens, Plantago major, Plantago lanceolata, Erigeron canadensis, Galinsoga parviflora, Artemisia vulgaris, Matricaria discoidea, Bromus sterilis, Br. tectorum, Setaria viridis. (TISCHLER, G. 1963).

Langzeitversuche haben ergeben, daß bei Neubesiedlung eines Biotops zunächst diploide anuelle Formen überwiegen und vermutlich im Vorteil sind (Schüttflora, Trümmerflora). Schon im 2. Jahr werden jedoch viele von ihnen durch andere Arten abgelöst, so daß von den Pionieren fast nichts mehr übrig bleibt. Die Polyploiden nehmen zu. Im Laufe der nächsten Jahre kommt es bei starkem Konkurrenzkampf zur Artenverringerung, der auch viele Polyploide zum Opfer fallen. Schließlich können solche Diploide, welche spezielle Anpassungen an den Standort besitzen, als beherrschende Elemente auftreten.

6.4.   OBLIGATORISCHE UNKRÄUTER DER WIESE

Obligatorische Unkräuter sind solche, welche immer störend wirken und bekämpft werden. Man kann sie in verschiedene Gruppen einteilen:

Giftpflanzen:
        Sumpfschachtelhalm (Equisetum palustre)
        Herbstzeitlose (Colchicum autumnale)
        Adlerfarn (Pteridium aquilinum)
        Wolfsmilcharten (z. B. Euphorbia Cyparissia)
        Echtes Johanniskraut (Hypericum perforatum)
Geruchspflanzen, die den Wert der Milch herabsetzen:
        Lauch (Allium-Arten)

Verletzende Arten:
    Hauhechel (Ononis spinosa)
    Ginsterarten (Genista)
    Mannstreu (Eryngium campestre)
    Rasenschmiele (Deschampsia caespitosa)
    Seggen (Carex-Arten) mit ihren scharfen Blatträndern
Arten, die als Rosettenpflanzen bei der Mahd nicht erfaßt werden:
    Mittlerer Wegerich (Plantago media)
    Gänseblume (Bellis perennis)
    Jähriges Rispengras (Poa annua)
Schmarotzer und Halbschmarotzer:
    Kleeseide (Cuscuta trifolii) welche auf Klee und Gramineen parasitiert
    Augentrost (Euphrasia)
    Klappertopf (Alectorolophus)
    Läusekraut (Pedicularis)
    Leinblatt (Thesium)
Arten, die vom Vieh fast ausnahmslos gemieden werden oder verschmäht werden, z. B. weil sie früh verholzen oder weil sie zäh sind, oder zu stark riechen:
    Mädesüß (Filipendula)
    Sonnenröschen (Helianthemum)
    Heidelbeere (Vaccinium)
    Borstengras (Nardus stricta)
    Binsenarten (Scirpus)
    Minzen (Menta)
    Storchschnabelarten (Geranium)

6.5.   FAKULTATIVE UNKRÄUTER

Die fakultativen Unkräuter sind nicht mehr so eindeutig zu definieren, wie die obligatorischen. So gibt es Arten, deren Futterwert in guten Lagen zu gering ist um sie zu halten, die aber in dürftigen Standorten zu wichtigen Futterpflanzen werden können: Rasenschmiele, Rotes Straußgras, Horstrotschwingel, Schafschwingel, Heidekraut, Sauergräser, Schilf im Röhricht und Sumpfbinsen an Ufern.

Andere Arten werden zwar von Pferden noch gefressen, aber von Rindern gemieden.

Kümmel wird vom Vieh als Geschmackskorrigens hoch geschätzt, aber bei Massenauftreten gemieden.

Es gibt auch Arten, welche durch ihren Horst- und Bultenwuchs die Mähnutzung erschweren (Rasenschmiele, Rohrschwingel, Großseggen, Horstbinsen u. a.).

Die Blätter vom Löwenzahn und anderen Pflanzen zerbröckeln und schimmeln während und nach der Bodentrocknung, bleiben jedoch gut erhalten bei Grünfütterung.

6.6.   UNKRÄUTER ALS MITGLIEDER DER PFLANZENGESELL-
SCHAFT

Biologisch gesehen sind die Unkräuter am jeweiligen Standort "vollberechtigte Mitglieder" der Pflanzengesellschaft, die in Konkurrenz mit den angesäten Arten treten. Bei dieser Konkurrenz kann es durchaus sein, daß Unkräuter an bestimmte Standortsfaktoren besser als alle Saatpflanzen und Nutzpflanzen angepaßt sind. In der Tabelle sind Beispiele dafür zusammengestellt:

STANDORTSFAKTOR	UNKRÄUTER DIE IM VORTEIL SIND
Wasserüberschuß	Röhrichte, Sumpfdotterblume, Wiesenschaumkraut
Nährstoff- und Kalkarmut	Borstgras, Torfmoose, Zwergstrauchheiden, Heidegräser
Lichtmangel durch Beschattung	vor allem Schattenpflanzen aus nahen Wäldern und Waldrändern: Adlerfarn, Zittergrassegge, Feigwurz, Hahnenfußarten, Wiesenkerbel u. a.
zu lockerer Boden, wo Arten mit flachstreichenden Wurzel vertrocknen	Massenauftreten minderwertiger Gräser, Doldengewächse, Storchschnabel, Brennessel, Schafgarbe, Kohldistel, Wiesenschaumkraut, Sumpfdotterblume, Blutweiderich, Kuckucks-Lichtnelke, Mädesüß, Ampferarten, Großer Wiesenknopf, Quecke. Also vor allem Arten mit tief reichenden Pfahlwurzeln, Rhizomen u. s. w.
Narbenverletzungen	Schnelle Weidenbesiedler: Margerite, Löwenzahn, Knolliger Hahnenfuß, Gänseblümchen, Ackerknautie, Wilde Möhre, Wegericharten, Hirtentäschel, Vogelmiere u. a.
Überdüngung mit NK	Obergräser und Hochstauden, welche niederwachsende unterdrücken. Wertvolle Gräser können bald von lästigen Doldenblütlern (Bärenklau, Giersch, Wiesenkerbel) Pippau, Ampferarten, Brennessel verdrängt werden.

STANDORTSFAKTOR	UNKRÄUTER DIE IM VORTEIL SIND
Zu späte Mahd	Viele Unkräuter haben bereits gefruchtet und Samen ausgestreut. Folge: Zunahme Scharfer Hahnenfuß, Wiesenkerbel u. a.
Zu häufige Mahd	Lichtbedürftige Untergräser, Weißklee, bodenanliegende Pflanzen, rasch regenerierende Arten (Braunelle, Gundelrebe, Schafgarbe, Wiesenlabkraut, Kriechender Hahnenfuß).

In Abb. 35 ist schematisch dargestellt, wie bei Variation eines Faktors verschiedene Arten in verschiedenen Bereichen des Faktors ihr jeweiliges Optimum haben. Der Parameter gebe dabei mit 100 % eine beliebige Meßgröße für die Vitalität einer Art an. Solche Pflanzenarten, die in Extrembereichen eines oder mehrerer Faktoren ihr Optimum finden, leben dort weitgehend konkurrenzlos und können zur Massenentfaltung kommen (z. B. A und F). Im Mittelbereich der Faktoren finden dagegen viele Arten gute Lebensbedingungen wodurch hier der interspezifische Konkurrenzdruck am höchsten ist (Arten: B, C, D, E).

Diesen Sachverhalt hat Thienemann im zweiten "biozönotischen Grundgesetz" ausgedrückt: Je mehr sich die Lebensbedingungen eines Biotops vom Normalen und für die meisten Organismen vom Optimalen entfernen, umso artenärmer wird die Biozönose, umso charakteristischer wird sie, in umso größerem Individuenreichtum treten die einzelnen Arten auf.

Trifft dies bereits durch den Schnitt für die Wiese allgemein zu, so noch mehr bei Eintreten von oben in der Tabelle aufgeführten Standortsfaktoren.

Sind z. B. Art A und Art F Unkräuter, dann werden sie im Mittelbereich eines Faktors x, gegenüber den anderen Pflanzen kaum als Konkurrenten auftreten in den Extrembereichen jedoch vorherrschen. Das Massenauftreten einer oder einiger weniger Arten kann dann als Anzeiger für einen bestimmten Standortsfaktor dienen. Dies wird klar, wenn man obige Tabelle von rechts nach links liest: Wenn Röhrichte, Sumpfdotterblumen, Wiesenschaumkraut in der Wiese sind, dann besteht der Standortsfaktor: Wasserüberschuß.

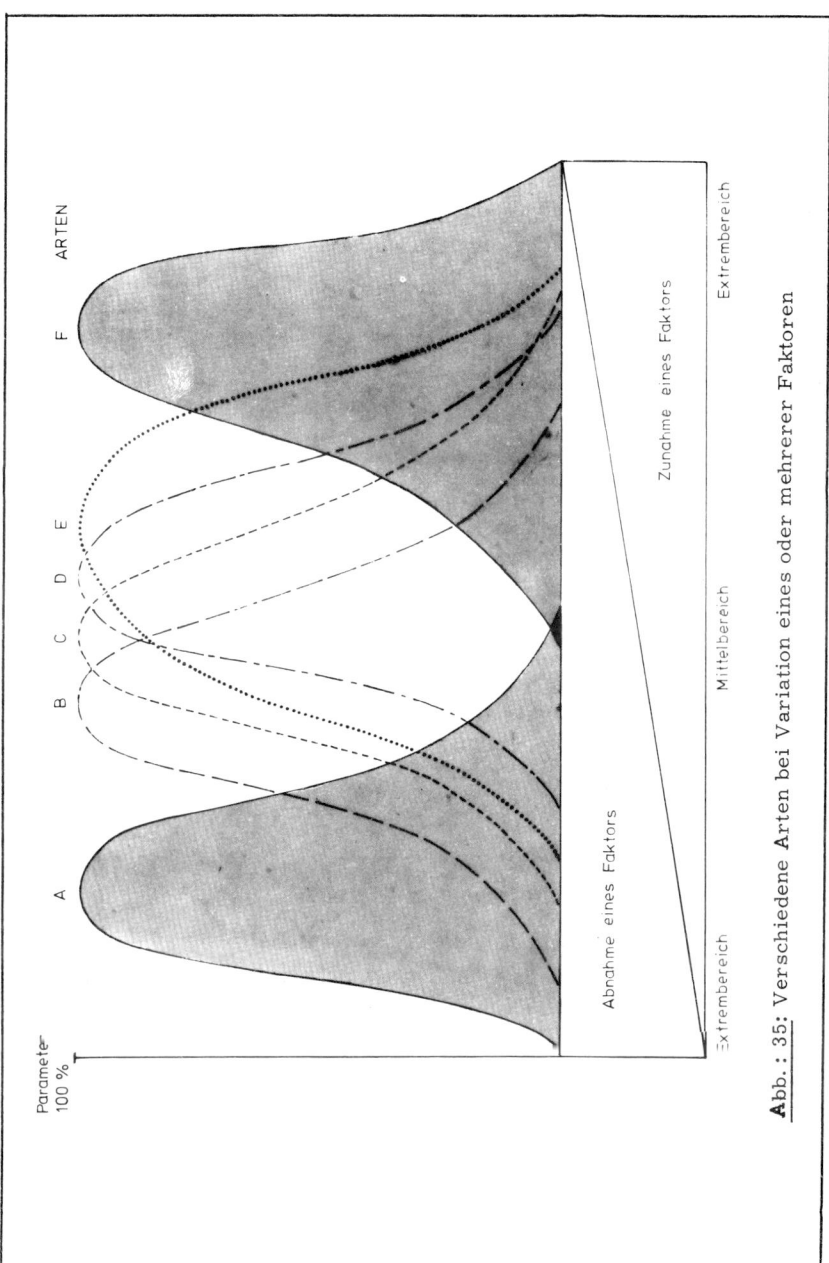

Abb.: 35: Verschiedene Arten bei Variation eines oder mehrerer Faktoren

6.7. WIRTSCHAFTLICHE PROBLEMATIK DER CHEMISCHEN UNKRAUTBEKÄMPFUNG (zit. n. KLAPP 1971)

Die Entdeckung der modernen Herbizide, vor allem derer auf Wuchs-
stoffbasis, ist als die größte agrikulturchemische Leistung der Nach-
kriegszeit bezeichnet worden. Die Entwicklung geht in der Schaffung immer spezifischerer und auf besonders hartnäckige Unkräuter wirkende
Stoffe weiter, ohne daß eine Grenze ihrer Anwendungsmöglichkeiten, wenigstens auf dem pflanzenphysiologisch-biochemischen Gebiet erkennbar
wird.

Während sich die chemische Unkrautbekämpfung im Ackerbau einen fe-
sten Platz erobert hat, ist sie auf dem Grünland noch umstritten. Deshalb sollen ihre Vor- und Nachteile bei der Anwendung der Mittel auf dem
Grünland genannt werden.

Vorteile:

1. Die Wirkung ist unbestreitbar schnell, wie sie durch Bewirtschaftungsmaßnahmen nur selten erreicht wird.
2. Auch viele hartnäckige Unkräuter, welche bei keiner Änderung der
   Grünlandnutzung weichen wollen, werden durch Herbizide beseitigt.
3. Die Bekämpfung spezieller Unkrautarten wird immer sicherer und
   kann unter großer Schonung wertvoller Arten erfolgen.
4. Herbizidanwendung ist heute möglich ohne Schädigung des Viehs und
   ohne feststellbare Änderung der Güte der Endprodukte.
5. Vor Neuansaat können in rascher und bodenschonender Weise uner-
   wünschte Bestände beseitigt werden.

Nachteile:

1. Der Aufwand an Geld und Arbeitszeit ist allein für die Unkrautbekämpfung beträchtlich und zeitigt doch keine unmittelbare Wirkung
   auf die Ertragshöhe.
2. Witterungs- und Bodenfaktoren können noch nicht sicher abgeschirmt
   werden.
3. Bei großer Regenerationsfreudigkeit vieler Pflanzen aus unterirdischen Organen unterbleibt eine nachhaltige Wirkung.
4. Die spezifische Wirkung allein auf die zu bekämpfenden Arten ist
   noch Theorie. Meist werden auch wertvolle Futterpflanzen mitge-
   schädigt.
5. Durch die Bekämpfung können Bestandlücken entstehen, in die entweder dieselben unerwünschten, oder andere Arten eindringen können.
6. Die Herbizidanwendung kann eine Verringerung der erwünschten Arten nach Zahl und Anteil zur Folge haben und damit eine Minderung
   des Aufwuchses nach Menge und Güte auf Jahre hin spürbar werden
   lassen.
7. Zur Beseitigung der Schäden, welche durch die Mittelanwendung ent-
   standen, ist ein verstärkter Düngeraufwand erforderlich.

8. Wenn die angewandten Mittel zu langsam abgebaut werden, besteht die Gefahr einer Schädigung von Gesundheit und Produkten der Tiere.

9. Auf die Dauer kann es zur Entstehung von herbizidresistenten Unkräutern kommen.

10. Trotz aller chemischen Unkrautbekämpfung verbleibt immer noch die Notwendigkeit, die Verunkrautungsursachen durch landwirtschaftliche Bewirtschaftungsmaßnahmen zu beseitigen, wenn langfristige Wirkungen erzielt werden sollen.

Zusammenfassend kann gesagt werden, daß die chemische Unkrautbekämpfung lediglich eine Starthilfe zur mengen- und vor allem gütemäßigen Verbesserung der Grünlandbestände ist und nicht etwa von sich aus bereits eine Verbesserungsmaßnahme.

6.8.   WIRKUNG DER BEKÄMPFUNG AUF DIE BESTANDSZU-
       SAMMENSETZUNG

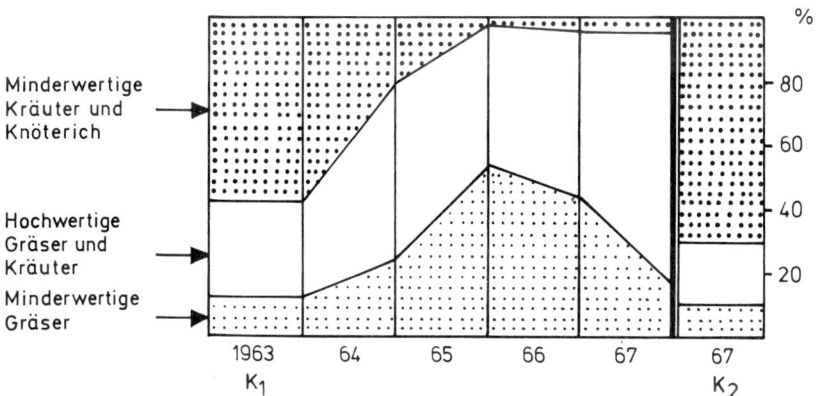

Abb. 36: Bekämpfung von Wiesenknöterich (Polygonum bistorta) im Westerwald. (n. Klapp 1971). K_1 ist das Kontrolljahr 1963. Mit 1964 beginnt die Bekämpfung. Der Knöterich nimmt zwar in den folgenden Jahren bis auf wenige Prozente ab, aber zunächst nehmen die minderwertigen Gräser und Kräuter auf den frei gewordenen Stellen zu, während die hochwertigen Gräser mengenmäßig etwa gleich bleiben. Erst im 4 Jahr der Bekämpfung nehmen in diesem Beispiel die hochwertigen Gräser auf Kosten der minderwertigen zu. K_2 Im Kontrollgebiet hat im Laufe der Versuchsjahre der Knöterich zugenommen.

63

Die chemische Bekämpfung von Unkräutern verändert wie jede Maßnahme auf der Wiese, die botanische Zusammensetzung des Pflanzenbestandes. Diese Veränderungen können in verschiedener Hinsicht stattfinden. Z. B. :

1. Ausschaltung der unerwünschten Art
2. Dadurch Entstehung von Narbenlücken
3. Besiedlung der Lücken durch andere Arten
4. Gleichzeitige Schädigung von wertvollen Dicotyledonen (Leguminosen u. a. Futterkräuter)
5. Schädigung durch Wuchsminderung der Gräser
6. Vergrößerung des Gräseranteils und dadurch Minderung von Rohproteinen und wichtigen Mineralien.

6.9.   METHODEN DER UNKRAUTBEKÄMPFUNG

Die Schadwirkung von Unkraut gegenüber Nutzpflanzen beruht auf:

1. Nährstoffentzug
2. Wasserentzug
3. Lichtentzug
4. Veränderungen der Nutzpflanzen.

So wurde z. B. bei Hederichverunkrautung von durchschnittlich 46 Hederichpflanzen pro m^2 ein Nährsalzentzug von jährlich ca. 43 kg Reinstickstoff, 16 kg Reinphosphorsäure, 43 kg Reinkali und 41 kg Kalk pro ha berechnet. Der volkswirtschaftliche Schaden, welcher von Unkräutern verursacht wird, ist beträchtlich. Unkräuter nicht zu bekämpfen wäre demnach vom landwirtschaftlichen Standpunkt nicht vertretbar. In Überschlagsrechnungen wird der Schaden, den Unkräuter verursachen mit etwa 1/3 bis 1/4 des Gesamtschadens der Landwirtschaft angegeben. Allerdings ist man heute durch manche kurzsichtig durchgeführte Bekämpfungskampagne mit anschließend unvorhergesehenem Schaden genügend gewarnt, so daß man wohlüberlegt dort Unkraut bekämpfen wird, wo es unbedingt erforderlich erscheint.

In der BRD unterliegt die chemische Unkrautbekämpfung dem Pflanzenschutzgesetz vom 10. 5. 1968 (B 141). Dort heißt es im

§ 7 (1)   Pflanzenschutzmittel dürfen nur eingeführt oder erwerbsmäßig vertrieben werden, wenn sie von der Biologischen Bundesanstalt für Land- und Forstwirtschaft zugelassen sind. Dies gilt nicht für Pflanzenschutzmittel, die für die Ausfuhr bestimmt sind.

§ 8 (1)   Die Zulassung wird nach Prüfung des Pflanzenschutzmittels erteilt, wenn

1. das Pflanzenschutzmittel nach dem Stand der wissenschaftlichen Erkenntnisse und der Technik hinreichend wirksam ist,

2. die Erfordernisse des Schutzes der Gesundheit von Mensch
und Tier beim Verkehr mit gefährlichen Stoffen nicht entge-
genstehen und

3. das Pflanzenschutzmittel bei bestimmungsmäßiger und sach-
gerechter Anwendung keine schädlichen Auswirkungen für
die Gesundheit von Mensch und Tier sowie keine sonstigen
schädlichen Auswirkungen hat, die nach dem Stand der wissenschaftlichen Erkenntnisse nicht vertretbar sind.

6. 9. 1.   Düngemittel mit herbizider Wirkung

Es gibt altbekannte Düngemittel mit herbizider Wirkung. Zu ihnen gehören Hederichkainit, Kalkstickstoff und Schwefelsaurer Ammoniak. Ihre
Wirkung geht in zwei Richtungen:

1. Wird das Pulver ausgestreut, bleibt es auf horizontal stehenden
   Blättern wie Hederich u. a. Kräutern eher haften, als auf den vertikal stehenden Blättern der Gräser. Auf osmotischem Wege bringen dann die Salze, Pflanzenzellen zum Absterben. Diese Anwendung ist am besten bei tau- oder regenfeuchten Blättern mit an-
   schließendem Sonnenschein; was von der osmotischen Wirkungsweise
   her verständlich ist.
2. Gleichzeitig wirken diese Herbizide als Dünger. Sie beseitigen den
   Nährstoffmangel, welcher für die magerheitsanzeigenden Unkräuter
   gegenüber den anderen Pflanzen von Vorteil ist. Infolgedessen ist
   z. B. Hederichkainit bei Kalimangel auch am stärksten ertragsför-
   dernd. Dabei sind Mengen von 800 kg/ha erforderlich.

Die Wirkung von Schwefelsaurem Ammoniak beruht auf der Alkalisierung
des Zellsaftes und der Bindung von Aminosäuren an das Ammoniumion.
Die Anwendung erfolgt nicht nur gegen Gänseblümchen und Löwenzahn,
sondern auch gegen kräftigere Stauden, wie Bärenklau oder Sumpfschach-
telhalm.

6. 9. 2.   Wuchsstoffherbizide

In den letzten Jahren wurden zahlreiche Herbizide entwickelt, welche
spezifisch wirken. Im Gegensatz zu den Ätzmitteln, die chemisch-physi-
kalisch wirken, dringen diese Herbizide in die Blätter oder über die
Wurzeln in die Pflanzen ein und verändern Stoffwechselfunktionen von Zellen und Geweben. Wie die einzelnen Stoffe jeweils wirken ist größtenteils
unbekannt.
Die Wirkung ist sehr von der Dosis abhängig, von der die Pflanze betroffen wird. Bei geringer Menge - unterhalb der Schädlichkeitsschwelle -
kann eine Pflanze zu erhöhter Vitalität angeregt werden, so daß sie üppi-
ger als normal wächst.

Starke Wirkstoffgaben können zur Erschöpfung der Pflanze und zur Stilllegung lebenswichtiger Funktionen führen, z. B. wenn der Wirkstoff in alle lebensnotwendigen Pflanzenorgane transportiert ist oder auch wenn alle Assimilate bei einem hypertrophierten anomalen Wachstum verbraucht werden.

6.9.3. Der Wirkungsgrad von Herbiziden ist von vielen Faktoren abhängig

1. Tröpfchengröße beim Sprühen: Allgemein gilt, je kleiner die Sprühtröpfchen, desto besser die Verteilung auf der Pflanzenoberfläche, desto günstiger die Wirkung.
   Tröpfchen unter 50 μm haben jedoch eine zu geringe Sinkgeschwindigkeit und können dadurch zu leicht vom Wind weggetragen werden.

2. Einsatztermin: z. B. vor Beginn des Graswuchses können Keimpflanzen der Unkräuter vernichtet werden.

3. Witterung: Bei bedecktem Himmel und hoher Luftfeuchte wird eine bessere Wirkung erzielt als bei klarem, trockenem Wetter.

4. Selektivität: Der Wirkstoff muß selektiv bestimmte Pflanzen treffen, da sonst wertvolle Arten geschädigt werden.

5. Wuchstyp der Pflanzen: Zur Aufnahme des Wirkstoffes spielt der Blattanstellwinkel, die Ausbildung der Cuticula, die Zahl der Spaltöffnungen, der Entwicklungsstand der Pflanze u. a. eine Rolle.

6. Physiologischer Zustand der Pflanze: Einflüsse, welche den Stoffwechsel erhöhen, oder welche die Wuchsfreudigkeit fördern, verringern die Resistenz gegen den Wirkstoff.
   Alle Einflüsse, welche den Stoffwechsel verringern, z. B. Herabsetzung der Absorption, Verminderung des Transportes, hemmen den Wirkungsgrad der Herbizide.

7. Formulierung des Wirkstoffes: Darunter versteht man wie er vorliegt, z. B. ob er als festes Salz oder als flüssiger Ester angewendet wird; oder auch ob er mit anderen Wirkstoffen zur Erhöhung der Breitbandwirkung angewendet wird; ferner ist die Dosierung eine Frage der Formulierung.

6.9.4. Beispiele für Wuchsstoffe

Für Grünland bedeutungsvoll sind die Aryloxyfettsäuren. Im folgenden sind sie nach zunehmender Aggressivität geordnet!

MCPB	4-	(4-chlor-2-methylphenoxy-) Buttersäure
2,4-DB	4-	(2,4-dichlorphenoxy-) Buttersäure
MCPA	4-	Chlor-2-methylphenoxyessigsäure
2,4-D	2,4-	Dichlorphenoxyessigsäure
2,4,5-T	2,4,5-	Trichlorphenoxyessigsäure

Die chemischen Formeln dazu:

MCPB (Handelsname: U46 MCPB)

$$Cl - \text{(Ring: 4,3,5,6,1,2)} - CH_3$$
$$O - CH_2 - CH_2 - CH_2 - \overset{O}{\underset{\|}{C}} - OH$$

MCPA (Handelsname: Hedonal M, U46 M)

$$Cl - \text{(Ring)} - CH_3$$
$$O - CH_2 - \overset{O}{\underset{\|}{C}} - OH$$

2,4-D (Handelsname: Hedonal, U 46 D)

$$Cl - \text{(Ring)} - Cl$$
$$O - CH_2 - \overset{O}{\underset{\|}{C}} - OH$$

2,4,5-T (Handelsname: Tormona)

$$Cl - \text{(Ring)} - Cl$$
$$Cl - O - CH_2 - \overset{O}{\underset{\|}{C}} - OH$$

6.9.5. Die Persistenz von Herbiziden, welche für die Wiese in Frage kommen

Herbizide werden bevorzugt mikrobiell im Boden abgebaut. Ihre Abbaugeschwindigkeit hängt daher meist von jenen Faktoren ab, die auch für die Entwicklung der Mikroorganismen maßgebend sind, wie z. B.: Humusgehalt, Wassergehalt, Sorptionsvermögen, pH-Wert, Bodentemperatur, Bodendurchlüftung.
Es gibt Herbizide, die innerhalb weniger Tage bis zur Wirkungslosigkeit abgebaut sind, während andere jahrelang persistieren können.

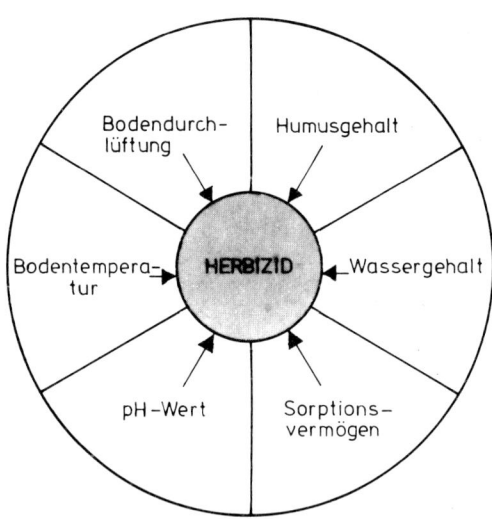

Abb. 37: Die Abbaugeschwindigkeit von Herbiziden hängt von verschiedenen Bodenfaktoren ab. Da Herbizide bevorzugt mikrobiell abgebaut werden, kommen vor allem solche Bodenfaktoren in Frage, welche auch für die Entwicklung der Mikroorganismen maßgebend sind .

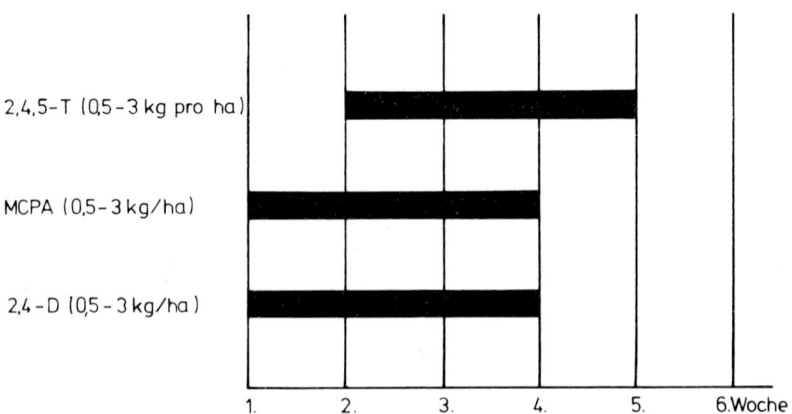

Abb. 38: Persistenz verschiedener Herbizide in einem feuchten Lehmboden unter vergleichbaren Bedingungen im gemäßigten Klima. Die Balken geben die untere und obere Begrenzung der minimalen und maximalen Persistenz der genannten Herbizide an. (n. Maier-Bode 1971, verändert)·

68

6.9.6. Die Toxizität der genannten Herbizide

Untersucht ist die "Bienengefährlichkeit" von Herbizid-Wirkstoffen. Diese hängt aber nicht nur von den Wirkstoffen ab, sondern auch von den Lösungsmitteln, Streckmitteln, Emulgatoren u. s. w.

Für Warmblüter wird die Toxizität der meisten Herbizide geringer angegeben, als die der Insektizide.

Meßzahl für die Toxizität ist die LD 50, das ist diejenige Dosis des betreffenden Wirkstoffes, die eine Sterblichkeit von 50 % der Versuchstiere bewirkt (angegeben als mg Wirkstoff/kg Körpergewicht). Je höher die LD 50 ist, umso weniger toxisch ist der betreffende Wirkstoff. In der Gruppe mit LD 50 - Werten unter 20 mg/kg findet man nur Insektizide. Experimentell wird oral an Ratten geprüft.

	LD 50 oral Ratte mg/kg	Bienengefährlichkeit
MCPB	680	
MCPA	700	keine
2, 4-D	375	keine
2, 4, 5-T	500	keine

Diese akute orale LD 50 für Ratten und die Bienengefährlichkeit sind dem Werk von Maier-Bode 1971 entnommen. Es muß allerdings auch erwähnt werden, daß die akute orale Rattentoxizität kein alleiniger Maßstab ist.

6.9.7. Toleranzwerte

Die grundsätzliche Frage lautet: welche Menge eines Herbizides kann in der Nahrung noch toleriert werden?

Wenn man z. B. liest, daß in den USA kleine Mengen 2, 4-D, MCPA und 2, 4, 5-T bei Untersuchungen von Fertigmahlzeiten gefunden wurden (entsprechend einer täglichen Aufnahme von 1 - 5 Mikrogramm an 2, 4-D pro Person), dann fragt sich der Verbraucher ob solche Rückstände in der Nahrung seine Gesundheit gefährden.

In der Bundesrepublik Deutschland hat sich der Gesetzgeber im Gesetz zur Änderung und Ergänzung des Lebensmittelgesetzes vom 21. 12. 1958 ("Lebensmittelnovelle") (H115) dazu geäußert; ergänzt durch die Verordnung über Pflanzenschutz-, Schädlingsbekämpfung-, Vorratsschutzmittel in oder auf Lebensmitteln pflanzlicher Herkunft (B 140) vom 30. 11. 1966.

§ 46 Abs. 4 der Lebensmittelnovelle verbietet:

"Lebensmittel anzubieten, zum Verkauf vorrätig zu halten, freizuhalten, zu verkaufen oder sonst in den Verkehr zu bringen, wenn in oder auf ihnen Pflanzenschutz- und Schädlingsbekämpfungsmittel, Vorratsschutz und Mittel zur Verhütung des Keimens von Kartoffeln, zur Beeinflussung des Fruchtansatzes oder Fruchtabfalls oder zur Beschleunigung der Fruchtreife oder deren Umwandlungsprodukte vorhanden sind, die die zulässige Höchstmenge überschreiten. "

Die Toleranzwerte für Rückstände auf Lebensmitteln wurde durch Rechtsverordnung (B 140) festgesetzt. (Näheres hierüber findet man bei Maier-Bode 1971).

6.9.8. Beispiel 2,4-D (2,4-Dichlorphenoxyessigsäure)

Zur Veranschaulichung seien die Probleme an einem Beispiel beschrieben. Von der 2,4-Dichlorphenoxyessigsäure werden mehrere Abkömmlinge in Herbiziden verwendet. Es handelt sich dabei um das wasserlösliche Natriumsalz, um Aminsalze und um verschiedene wasserunlösliche Ester. Der mikrobielle Abbau kann durch verschiedene Bakterien und Actinomyceten erfolgen, ist aber derart selektiv, daß ein und derselbe Organismus z. B. zwar 2,4-D aber weder MCPA noch 2,4,5-T abzubauen vermag.

Es gibt verschiedene Abbauwege in teilweise beachtlicher Geschwindigkeit. So wurden z. B. von 1 Gramm behandeltem Boden täglich 3-$4 \cdot 10^{-6}$ Mol an 2,4-D abgebaut. Der Chemismus des photochemischen und mikrobiellen Abbaus ist bei MAIER-BODE beschrieben. Als Endprodukte des mikrobiellen Abbaus entstehen CO_2, H_2O, Cl^-. In Fluß, See- und Meerwasser sind 2,4-D Verbindungen sehr lange haltbar. Der Weg von 2,4-D Verbindungen in Gewässern wird in Abb. 40 beschrieben.

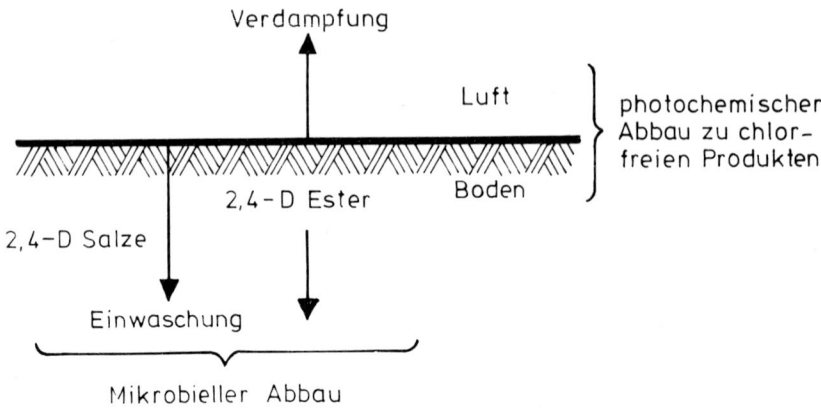

Abb. 39: Der Weg von Herbiziden auf dem Land

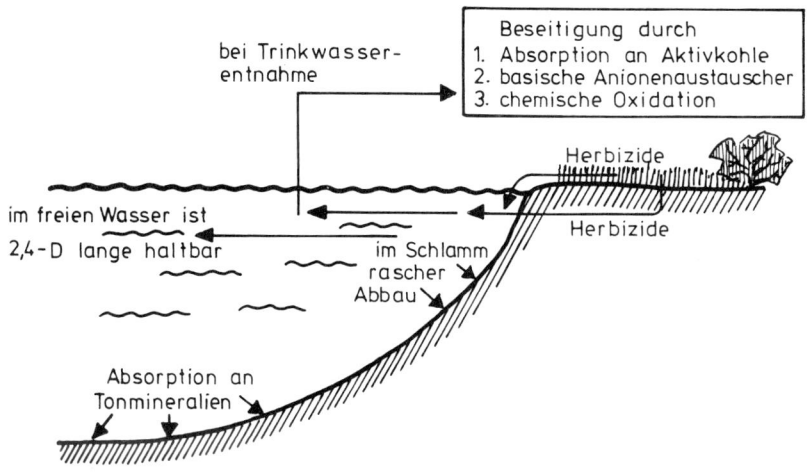

Abb. 40: Der Weg von 2, 4-D-Herbiziden in Gewässern

Die Anwendung von 2, 4-D erfolgte schon sehr früh. Bereits 1942 wurde erstmals in den USA über 2, 4-D als Regulator des pflanzlichen Wachstums berichtet und bald auch die Eignung zur selektiven Unkrautbekämpfung erkannt. Der Hauptanwendungsbereich liegt heute im Getreideanbau und auf Wiesen und Weiden. Bei großflächigem Getreideanbau wird vom Flugzeug aus "aviochemisch" gearbeitet (z. B. in der UDSSR wurden 1962 rund 3 850 000 ha Getreidefläche aviochemisch mit Herbiziden behandelt).

2, 4-D Verbindungen werden darüberhinaus bei Sorghum, Reis, Zuckerrohr, Kaffee, gegen Wasserunkräuter eingesetzt.

Im Vietnamkrieg fanden Derivate (Mischung 1 : 1 der Butylester von 2, 4-D und 2, 4, 5-T) Anwendung zur Defoliation der Dschungel.

Wie wirkt 2, 4-D auf die Pflanzen?

1. Die Aufnahme erfolgt durch die Blätter, durch Sproß und Wurzeln.
2. Der Weg in der Pflanze kann mit dem Xylemstrom nach oben gehen, wenn die Aufnahme durch Wurzeln erfolgte.
    Von den Blättern aus wandern die Herbizide mit den Assimilaten im Phloemstrom vor allem im Sommer und Herbst zu den Speicherorganen.
3. Die Empfindlichkeit gegen 2, 4-D hängt von vielen Faktoren ab. Die höhere Wirksamkeit gegenüber Dicotyledonen wird z. T auf deren größere Blattflächen zurückgeführt. Aber sowohl unter Mono- wie unter Dicotyledonen gibt es resistente Pflanzen.

Bei Gräsern spielt die geringe Oberfläche, die schlechte Benetzbarkeit der Blätter und die geschützte Lage der Vegetationspunkte in den Blattscheiden eine Rolle zur Verminderung der Aufnahme von 2,4-D.

4. Symptome der 2,4-D-Schädigung treten nach Tagen oder sogar erst nach Monaten auf. Zu ihnen gehören: Welkerscheinungen, Veränderung der Blattstellung, Verkrümmungen, Verwachsungen und Deformierungen; abnorme Streckung, auch Verdickung, Stauchung des Sproßes.
Hoher Turgor bringt Gewebe zum Platzen, wodurch Pilze und Bakterien eindringen können.
Außerdem können auftreten: Gelb- oder Rotfärbung der Blätter, gallen- und tumorähnliche Mißbildungen an Sproß und Wurzelgewebe, ferner Verwachsungen von Blütenteilen, samenlose Früchte u. v. a. schließlich Tod unter Erschöpfungserscheinungen.

Die biochemischen Vorgänge welche hier zugrunde liegen, sind kaum bekannt. Im wesentlichen liegen die in Abb. 41 dargestellten Mechanismen vor.

Der Abbau von 2,4-D in den Pflanzen erfolgt wahrscheinlich ähnlich enzymatisch wie der mikrobielle Abbau.

Gibt es Nebenwirkungen der 2,4-D-Verbindungen?

2,4-D-Verbindungen zeigen keine wesentlichen Einflüsse auf Bodenmikroben, wogegen Mikroorganismen, welche die Selbstreinigung von Gewässern bewirken, bei bestimmten pH-Werten durch 2,4-D geschädigt werden können.

Schäden können vor allem an Nachbarkulturen auftreten, wenn nach Abdriften der Sprühschwaden durch den Wind dortige Kulturpflanzen betroffen sind. Auf diese Weise gefährdet sind Raps, Zucker- und Futterrüben, Erbsen, Ackerbohnen, Kohl, Tomaten, Kernobstbäume, Weinreben, Hopfen und Tabak.

Keine Schädigungen konnten festgestellt werden gegenüber Bodentieren wie Regenwürmer, Enchytraeiden, Drahtwürmer, Springschwänzen, Collembolen (geringe Anfangstoxozität), Nematoden.

Auch gegenüber Pelz- und Federwild sind keine Schädigungsanzeichen bekannt. Für Fische und deren Ernährungstiere kann eine geringe toxische Wirkung bestehen, die aber in weiten Grenzen schwankt (genaue Angaben bei Maier-Bode).

Als verträgliche Dosen werden angegeben (pro Zeit):

für Forellen 100 ppm (24 Std.), Karpfen 300 ppm (4 Std.), Guppy 500 ppm (48 Std.). Am empfindlichsten reagieren Forellen.

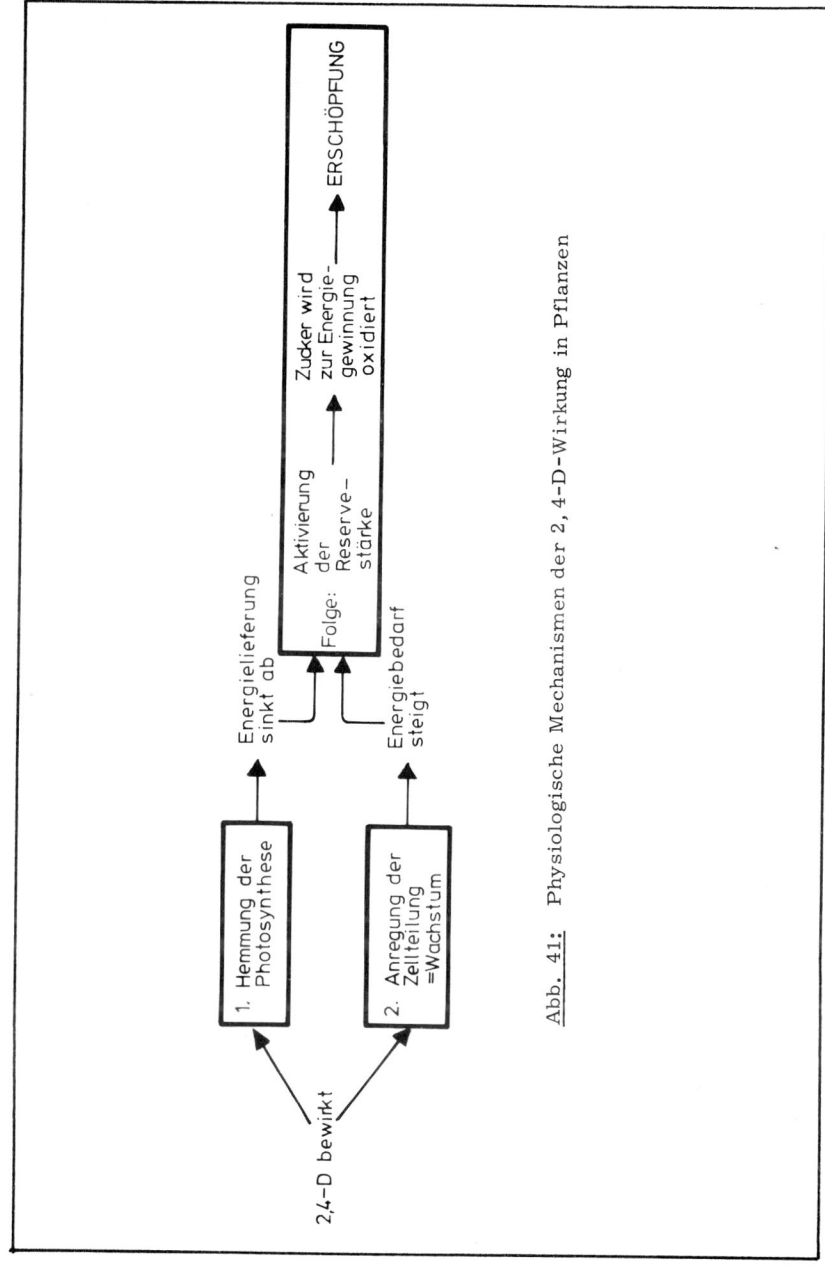

Abb. 41: Physiologische Mechanismen der 2,4-D-Wirkung in Pflanzen

Die akute LD 50 von 2,4-D und 2,4,5-T und deren Herbizidabkömmlingen liegt für Ratten, Mäuse, Meerschweinchen und Kaninchen zwischen 600 und 1000 mg/kg Körpergewicht. Hunde sind empfindlicher, Hühner weniger empfindlich.

Weidetiere (Rinder, Schafe, Schweine, Pferde) werden nach übereinstimmender Ansicht von 2,4-D und dessen Gemischen mit 2,4,5-T normalerweise nicht geschädigt wenngleich die Aufnahme von Herbiziden in größerer Menge aus verunreinigtem Trinkwasser Vergiftungserscheinungen zur Folge haben kann.

Symptome der Vergiftung sind mangelnde Freßlust, Gewichtsverlust, Erbrechen, struppiges Fell, Muskelschwäche. Es treten Leberschäden, Hemmung der Katalase-Aktivität im Blut, und erhöhter Albumingehalt im Urin auf. Bei tödlicher Dosis deuten Myotonie, Ataxie, Paralyse, Koma u. a. auch auf Störungen des ZNS hin. Zur Vermeidung von evtl. Erkrankungen sollen Viehauftrieb oder Mahd nicht früher als 3 Wochen nach Einsatz der Herbizide erfolgen.

Der Weg der Herbizide in einem Warmblüter konnte durch radioaktive Markierungen mit C^{14} verfolgt werden. (Ratten wurden mit 1-100 mg 2,4-D, C^{14} markiert, versorgt). Der Weg ging über den Magen, die Resorption und die Ausscheidung durch den Urin. Darüberhinaus wurde allerdings C^{14} der fraglichen Substanzen auch festgestellt im Blut, in der Leber, der Niere, im Herzen, den Muskeln, ferner in Lunge, Milz, Gehirn, Testikel, Urogenital-Organen. Akkumuliert wird 2,4-D im tierischen Gewebe nicht. In den Rattenorganen betrug die Halbwertszeit von 2,4-D etwa 3 Stunden. In der Milch konnten gaschromatisch nur geringe Mengen 2,4-D festgestellt werden, nachdem Kühe 4 Tage nach 2,4-D Behandlung auf die Weide gelassen wurden (0,01 bis 0,09 ppm in der Milch). Interessant ist, wenn man dazu die Toxizität für den Menschen vergleicht, wonach Vergiftungserscheinungen bei oraler Aufnahme von 3 - 4 Gramm Herbizid auftreten und täglich Aufnahmen von 500 mg an 2,4-D durch 21 aufeinanderfolgende Tage hindurch bei den VP keinerlei Krankheitserscheinungen verursachten.

Die Toleranz für 2,4-D beträgt in der BRD an Blattgemüsen, Sproßgemüsen, Fruchtgemüsen, Wurzelgemüsen z.B. 0,05 ppm; an Lebensmitteln pflanzlicher Herkunft 0,01 ppm.

Gibt es Rückstände von 2,4-D unter praktischen Anwendungsbedingungen?

In Kulturböden ist eine Anreicherung von 2,4-D wegen des raschen mikrobiellen Abbaus nicht zu erwarten. Da auch in Pflanzen ein Abbau des Herbizids stattfindet, sind die Rückstände geringer, je weiter von der Ernte gesehen die Anwendung zurückliegt. Da jedoch in Futterpflanzen der Abbau ziemlich langsam erfolgt, konnten noch 20 Tage nach Anwendung in Gräsern 2,4-D gefunden werden.

Tritt 2,4-D in der täglichen menschlichen Nahrung auf?

Amerikanische Marktkorbanalysen zeigten 1967 und 68, daß dort ein Mann (69,1 kg Gewicht, Eßgewohnheit eines 18-Jährigen) durchschnittlich 1 Mikrogramm 2,4-D täglich aufnahm, das sind 0,000014 mg/kg/Tag. Das ist sehr wenig.

Im Vorausgegangenen wurden aus Maier-Bode 1971 für 2,4-D einige Daten zusammengestellt. Sie zeigen deutlich, wie intensiv hier geforscht wird und wie vorsichtig man zu Werke geht. Da wir nun einmal mit Chemikalien leben müssen, kommt es wohl immer auf eine Güterabwägung an, welchen Preis man für eine Ertragssteigerung zu zahlen bereit ist. Für die anderen erwähnten Herbizide (2,4,5-T, MCPA, MCPB u.s.w.) findet man ebenfalls in der zitierten Literatur ausführliches Material. Für unsere Gesichtspunkte genügt es wohl, daß wir ein Beispiel durchleuchtet haben.

6.10.   IST EINE BIOLOGISCHE UNKRAUTBEKÄMPFUNG MÖGLICH?

Unter biologischer Unkrautbekämpfung versteht man die Möglichkeit durch Manipulation der Unkrautvertilger den Unkrautbestand zu beeinflussen. Dabei sind phytophage Organismen (meistens Insekten) die "Nützlinge" und ihre (zumeist entomophagen) Feinde die "Schädlinge" (Franz u. Krieg 1972).

Ein wesentlicher Unterschied zu den chemischen oder physikalischen Bekämpfungsmethoden ist, daß sich diese lokalisieren lassen, was bei biologischen Verfahren nicht möglich ist. Das heißt, daß ein eingeführter "Nützling" nicht nur die Pflanze einer Art dort angreift, wo sie als Schädling auftritt, sondern auch dort, wo ihr Auftreten neutral, oder gar positiv zu bewerten ist.

Das bedeutet, daß biologische Kampfmaßnahmen nicht weniger ökologisch relevant sind, als chemische.

Zu den Vorüberlegungen für biologische Kampfmaßnahmen gehören folgende:

1. Wird das zu vernichtende Unkraut nicht anderweitig etwa als Bienenweide gebraucht? (Beisp. Goldrutenarten Solidago).
2. Befällt der eingesetzte "Nützling" selektiv nur die Unkrautarten oder auch verwandte nützliche Arten?
    (Beisp. Der aus Ostasien stammende Kastanienmehltau Endothia parasitica, hat in Nordamerika die heimische Kastanie Castanea dentata fast vollkommen eliminiert und bedroht nun auch die Eßkastanie Castanea sativa in Europa). Krankheitserreger sind oft zu wenig spezifisch für den Einsatz.
3. Ist das Unkraut einheimisch oder eingeführt? Aus welchem Herkunftsland kommt es? Genügen einheimische Phytophagen zur Bekämpfung, oder müssen aus dem Herkunftsland des Unkrauts faunenfremde eingeführt werden?

4. Wirken diese Vertilger auch selektiv für das eingeführte Unkraut oder greifen sie auf einheimische Nutzarten über, vor allem dann, wenn ihre Futterpflanze vernichtet ist? Diese Frage der Selektivität ist umso wichtiger, je näher verwandt ein Unkraut zu Kulturpflanzen ist. Geprüft wird die Selektivität durch "Hungertests".

5. Welche Pflanzen sind für die "Nützlinge" zur Fortpflanzung nötig? Diese Frage kann nicht durch Hungertests allein geprüft werden. In Vorstudien wird es darauf ankommen, die gesamten Beziehungen zwischen einem "Nützling" und der Vegetation so weit wie möglich auszuklären.

   Welche Pflanzen liefern für einen Phytophagen z. B. welche Auslöser? (Hemmende oder fördernde chemische und physikalische Signale).

   Je stärker ein Phytophage spezialisiert ist, desto enger ist auch sein Inventar an AAM und desto starrer ist er an spezifische Auslöser seitens der Pflanzen gebunden.

6. Deckt sich die ökologische Potenz des Vertilgers mit der ökologischen Potenz des Unkrauts oder ist, was häufig vorkommt, die ökologische Potenz des Unkrauts größer als die des Vertilgers? Ist letzteres der Fall, kann sich z. B. das Unkraut in klimatische Bereiche ausbreiten, wohin der Vertilger keinen Zugang hat.

Abb. 42: Fraß durch Chrysomeliden-Larven an Sauerampfer

76

Das Johanniskraut (Hypericum perforatum) wanderte aus Europa mit Siedlern nicht nur in Nord- und Südamerika, sondern auch in Australien und Neuseeland ein und verdrängte überall wertvolle Nutzpflanzen. In Westeuropa wird es durch Blattkäfer (Chrysolina hyperici und Chr. quadrigemina) in Schranken gehalten. Der Einsatz dieser Käfer brachte in Australien Neuseeland und Chile, wie auch in Kalifornien vollen Erfolg. In Kanada und British Columbia dagegen blieb der Erfolg gering und nur auf feuchte Standorte beschränkt. Dies wird auf die geringere ökologische Valenz dieser Phytophagen zurückgeführt.

7. Wie kann schließlich der einzuführende Unkrautvertilger gezüchtet, verpackt, verschickt, freigelassen werden? Welche Arten kommen für ihn unter den einheimischen Entomophagen als Feinde in Frage? Ist gewährleistet, daß natürliche Feinde nicht mit eingeschleppt werden (etwa Schlupfwespeneier in Larven)?

Dieser Fragenkatalog, dem sicherlich noch etliches hinzugefügt werden könnte, macht verständlich, wenn bislang nur etwa ein Dutzend Fälle bekannt wurden, wo eingeführte Schädlinge durch Nachführung ihrer natürlichen Feinde erfolgreich bekämpft wurden. Aus der Komplexität der Vorgänge und der Vielfalt von Wiesenpflanzen ergibt sich von selbst die ganze Problematik einer biologischen Unkrautbekämpfung in einer Wiese.

6.11   ARGUMENTE GEGEN TOTALES AUSMERZEN VON UNKRÄUTERN DER WIESE

Auch Unkräuter haben im Ökosystem ihren Stellenwert. In wieweit dieser ertragsspezifisch positiv ist, kann quantitativ nicht erfaßt werden. Wir müssen uns daher auf einige allgemeine Überlegungen beschränken.

1. Unkräuter können Gen-Reservoire sein, die im Hinblick auf künftige Nutzungsmöglichkeiten erhalten bleiben müssen.
2. Eine Reihe von Unkräutern sind Heilpflanzen:
   Echte Kamille (Matricaria chamomilla)
   Huflattich (Tussilago farfara)
   Gemeine Schafgarbe (Achillea millefolium)
   Ackerschachtelhalm (Equisetum arvense) u. a.
3. Unkräuter können Träger sein von Wirten, welche zwischenzeitlich nützlichen Entomophagen dienen. Diese Zusammenhänge können recht kompliziert sein und weisen darauf hin, daß im Ökosystem Wiese manche Unkräuter Stellenwerte haben können, die wir noch nicht ganz durchschauen und erkennen.
4. Wie früher schon erwähnt, können manche Unkräuter in geringer Menge zur Geruchs- und Geschmackverbesserung des Heus beitragen.

7.　　WIESENTYPEN

7.1.　　PFLANZENSOZIOLOGISCHE UNTERSCHEIDUNG

Jedermann, der sich Wiesen einmal näher ansieht, wird bemerken, daß
es "die Wiese" schlechthin nicht gibt, sondern kaum eine Wiese der anderen gleicht und wir höchstens von den Wiesen sprechen können. Bei allen Unterschieden haben sie aber trotzdem etliche Pflanzenkombinationen
gemeinsam, weil schließlich insbesondere durch die Mahd und andere
menschliche Faktoren die　Standortsverhältnisse sich ähneln. Will man
nun verschiedene Wiesen unterscheiden und gegeneinander abgrenzen,
dann schlägt Ellenberg vor, besser von der Artenzusammensetzung aus-
zugehen als von Standortsfaktoren, weil erstere leicht zu ermitteln ist
während letzere sich weitgehend der Ermittlung entziehen.

Eine weitere Frage ist, welcher Wert den einzelnen Arten beizumessen
ist. Man kann zwei Richtungen von Methoden unterscheiden:
1.　Die Charakterarten-Methode (Braun-Blanquet u.a.). Hierbei werden
　　zur Unterscheidung statistisch ermittelte Kenn- bzw. Trennarten
　　benützt.
2.　Bei der Dominanz-Methode (vor allem Landwirte als Vertreter)
　　wird nach vorherrschenden Typen unterschieden. Dabei muß man
　　aber berücksichtigen, daß in den meisten Wiesen unter den Massen-
　　bildnern keine Art zu finden ist, die mehr als 25% des Heus aus-
　　macht. Es liegen demnach immer Mischtypen vor, die von mehreren
　　Pflanzenarten zugleich beherrscht werden. Manche Wiesen wechseln
　　ihren Typ sogar von Jahr zu Jahr. Ferner sind dominierende Mas-
　　senbildner meist schlechte Standortsanzeiger.

Es ist hier nicht der Ort, auf weitere pflanzensoziologische Terminolo-
gie und Problemstellungen einzugehen. (Näheres über systematische
Gliederungen von Wiesen bei Ellenberg, H. 1952 und Klapp, E. 1971,
Knapp, R. 1967 u. 1971, Wilmanns. O. 1973).

Didaktische Hinweise zur Pflanzensoziologie für den Unterricht an Hoch-
schulen und Schulen bei Knapp 1971 S. 357 - 363.

Um wenigstens einen groben Überblick über die wichtigsten Wiesentypen
und Wiesenpflanzen zu bieten, werden hier, der Einteilung von Ellenberg
1952 folgend, einige Beispiele erwähnt.

Wir beschränken uns dabei auf Fettwiesen. Das sind zwei- und dreischü-
rige Düngewiesen der fruchtbaren und tiefgründigen Böden, die über ganz
Mitteleuropa an entsprechenden Standorten in erstaunlich gleichartiger
Zusammensetzung verbreitet sind.

GLATTHAFER-GRUPPE

Gräser:	Glatthafer	Arrhenatherum elatius
Kräuter:	Wiesen-Kerbel	Anthriscus silvestris
	Wiesen-Glockenblume	Campanula patula

78

Wiesen-Pippau	Crepis biennis
Gem. Labkraut	Galium mollugo ssp. elatum
Wiesen-Storchschnabel	Geranium pratense
Bärenklau	Heracleum sphondylium
Pastinak	Pastinaca sativa
Große Bibernelle	Pimpinella major
Wiesen-Bocksbart	Tragopogon pratensis

Zu diesen nur in Mähwiesen häufigen Arten treten einige ebenfalls düngerliebende Pflanzen hinzu, die auch auf Kulturweiden vorkommen. Sie verbinden die Fettwiesen und Fettweiden zur ORDNUNG DER FETTRASEN (Arrhenatheretalia):

KNAULGRAS-GRUPPE

Gräser:	Knaulgras	Dactylis glomerata
	Goldhafer	Trisetum flavescens
	Weiche Trespe	Bromus mollis
Leguminosen:	Kleiner Klee	Trifolium dubium
Kräuter:	Gänseblümchen	Bellis perennis
	Margerite	Chrysanthemum leucanthemum
	Kümmel	Carum carvi
	Wilde Möhre	Daucus carota

Während die bisher genannten Arten sehr eng an Standorte mit ausgeglichenem Wasserhaushalt gebunden sind, greifen andere in den Fettrasen mit ihnen vergesellschafteten Pflanzen auch auf feuchtere Wiesen über. Sie deuten auf die nahe Verwandtschaft der Fettrasen mit der Ordnung der regelmäßig genutzten Feuchtwiesen (Molinietalia) hin. Fett- und Feuchtwiesen faßt man deshalb zur KLASSE DER KULTURWIESEN UND -WEIDEN (Molinio-Arrhenatheretea) zusammen, denen folgende Arten gemeinsam sind.

WIESENSCHWINGEL-GRUPPE

Gräser:	Wiesen-Fuchsschwanz	Alopecurus pratensis
	Flaumhafer	Avena pubescens
	Wolliges Honiggras	Holcus lanatus
	Wiesen-Schwingel	Festuca pratensis
	Rasen-Rotschwingel	Festuca rubra var. genuina
	Wiesen-Rispe	Poa pratensis var. latifolia
	Gemeine Rispe	Poa trivialis

Leguminosen:	Wiesen-Platterbse	Lathyrus pratensis
	Wiesen-Rotklee	Trifolium pratense
	Bastard-Klee	Trifolium hybridum
	Vogel-Wicke	Vicia cracca
Kräuter:	Wiesen-Frauenmantel	Alchemilla vulgaris ssp.
	Wiesen-Schaumkraut	Cardamine pratensis
	Wiesen-Flockenblume	Centaurea jacea
	Rasen-Hornkraut	Cerastium caespitosum
	Herbstzeitlose	Colchicum autumnale
	Rauher Löwenzahn	Leontodon hispidus
	Spitz-Wegerich	Plantago lanceolata
	Gem. Brunelle	Prunella vulgaris
	Scharfer Hahnenfuß	Ranunculus acer
	Gr. Sauerampfer	Rumex acetosa

Von den rund 50 Arten der Glatthafer-, Knaulgras- und Wiesenschwingel-
Gruppe gehören fast alle zu unseren häufigsten Wiesenpflanzen überhaupt. Ein großer Teil von ihnen ist regelmäßig in den Fettwiesen verei-
nigt und bildet dort einen üppigen, mehrschichtigen Bestand. Die Leguminosen sind darin in der Regel stark vertreten. Da die meisten übrigen
Arten, besonders die Gräser, ebenfalls gutes Futter liefern und kräftig
gedeihen, sind die Fettwiesen unsere wertvollsten Mähewiesen. Allerdings gilt dies nicht in gleichem Maße für alle Ausprägungen.

GOLDHAFERWIESEN

Einige allgemeine Züge der Fettwiesen ändern sich mit der Meereshöhe.
In den wärmeren, tieferen Lagen herrscht die Glatthaferwiese.

(Tal-Fettwiese Arrhenatheretum), der das eben skizzierte Bild voll entspricht. In den Berglagen dagegen tritt der Glatthafer von etwa 500 bis
700 m über N. N. ab zurück und überläßt dem Goldhafer das Feld. Einige
Kräuter machen mit ihm Halt oder gehen nur wenig höher hinauf, z. B.
Pastinak, Wiesen-Bocksbart und Wiesen-Storchschnabel. Statt ihnen
kennzeichnen nach Marthaler (in Tüxen 1951) eine Reihe montaner Arten
die Goldhaferwiese (Berg-Fettwiese, Trisetetum) der höheren Berglagen:

BERGRISPEN-GRUPPE

Gräser:	Berg-Rispe	Poa Chaixii
Kräuter:	Wald-Storchschnabel	Geranium silvaticum
	Bärwurz	Meum athamanticum
	Gelber Kälberkropf	Chaerophyllum aureum
	Perücken-Flockenblume	Centaurea phrygia ssp.
		pseudophrygia
	Wald-Vergißmeinnicht	Myosotis silvatica
	Frühlings-Safran	Crocus albiflorus
	Weiße Narzisse	Narcissus poeticus
	Trauben-Hyazinthe	Muscari botryoides u. a.

Die dem Landwirt lästigen Zwiebelblumen beleben oft zu Tausenden den Frühlingsaspekt der Berg-Fettwiesen, auf den Kalkhöhen der Schwäbischen Alb namentlich die letztgenannte. Diese montanen Pflanzen kennzeichnen die kürzere Vegetationszeit der Goldhaferwiesen. Im übrigen ist die Goldhaferwiese durch alle Übergangsstufen mit der Rotstraußgraswiese verbunden.

Da die Bodenfeuchtigkeit und Düngungsintensität in den Bergtälern schon auf sehr kleinem Raume wechseln kann, stellen viele der als Goldhaferwiesen beschriebenen Gesellschaften nach Wagner (1950) Gemische mit der Ordnung der Feuchtwiesen (Molinietalia) dar. Insbesondere dürfte der feuchtigkeitsliebende Wiesen-Knöterich (Polygonum bistorta) dadurch bei manchen Autoren in den Rang einer Charakterart der Goldhaferwiesen gekommen sein.

7. 2. UNTERSCHEIDUNGEN NACH DER NUTZUNGSART

Nach der Nutzungsart lassen sich Wiesen, wie eingangs erwähnt, in ein- bis mehrschürige Wiesen einteilen, man spricht dann auch von Mähwiesen im Gegensatz zu Weidewiesen. Die Nutzung kann aber neben der Mahd auch zusätzliche Beweidung, z. B. im Herbst umfassen. Einen speziellen Typus bilden die Streuwiesen, welche einmähdig, ungedüngt, nur zur Streugewinnung bearbeitet werden. In ihnen stehen lange Zeiten zur Entwicklung der Pflanzen zur Verfügung, während bei mehrschürigen Wiesen sich die Entwicklungszeiten der Pflanzen auf kurze Zeiträume beschränken. Auf mehrschürigen Wiesen sind demnach raschwüchsige Arten im Vorteil. Neben dem Zeitfaktor ist es vor allem die Schnittfestigkeit, welche hier selektiv wirkt.

Die Art der Nutzung übt einen Selektionsdruck auf die verschiedenen Pflanzen aus. Je intensiver die Nutzung, desto weniger Arten können dem Selektionsdruck standhalten, desto artenärmer ist in der Regel die Wiese. Man vergleiche nur eine einschürige Alpenwiese mit mehrschüriger Tieflandwiese.

Durch Versuche wurden nach der Schnittfestigkeit folgende Gruppen unterschieden:

Sehr empfindliche Arten: Sumpf Rispe

Empfindliche Arten: Rohrglanzgras, Wehrlose Trespe, Wiesenschwingel

Wenig empfindliche Arten: Wiesen-Rispe, Rotschwingel, Deutsches Weidelgras, Knaulgras.

Fassen wir die Faktoren zusammen, welche die Gesamterscheinung einer Wiese bestimmen, dann wird das multifaktorielle Geschehen klar, von dem die Wiese beeinflußt wird. Schon geringfügige Änderungen der

Einzelfaktoren verschieben das Erscheinungsbild der Wiese nach der einen oder anderen Seite hin. Infolgedessen verändern sich auch Wiesen im Laufe mehrerer Jahre (Sukzession) wie auch innerhalb der Jahreszeiten (Aspektfolge).

Den Selektionsfaktoren lassen sich korrespondierende Eigenschaften der Pflanzen zuordnen.

Selektionsfaktoren	korrespondierende Pflanzeneigenschaften
Zeit zwischen zwei Schnitten	Raschwüchsigkeit
Schnitthäufigkeit	Regenerationsfähigkeit, Bestockung
Entfernung der Assimilations-organe durch den Schnitt	Fähigkeit Assimilate geschützt zu speichern etwa in Rhizomen, Wurzeln, bodennahen Teilen
Beseitigung der Blütenstände	Fähigkeit zur vegetativen Fortpflanzung, Vermehrung und Verbreitung
Beseitigung von Sprossen und Knospen	Vorhandensein von Ersatzsprossen, tiefliegenden Knospen

Wie sich die Bestandszusammensetzung einer Wiese im zweijährigen Mittel bei Variation von nur zwei Faktoren, in unserem Fall Schnittzahl und Art der Düngung verändern kann, zeigt Abb. 46. Bei PK-Düngung nahm im Versuch mit steigender Schnittzahl der prozentuale Anteil der Gräser von 72 auf 52% ab zugunsten der Kleearten und Kräuter.

Bei NPK-Düngung nahmen die Gräser zwar auch ab, aber nur um 10%. Der Kleeanteil stieg nicht in dem Maße wie bei PK-Düngung, wogegen die übrigen Kräuter für sich gesehen um 63% zunahmen. Aus solchen Versuchen wird deutlich, wie empfindlich eine Wiese auf Faktorenänderungen reagiert, woraus letztlich auch die große Mannigfaltigkeit in den Erscheinungsformen resultiert.

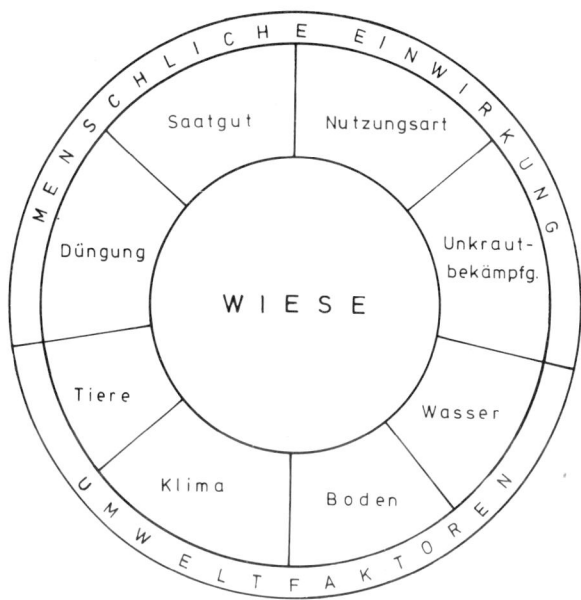

Abb. 43: Viele Faktoren bestimmen das Erscheinungsbild einer Wiese

Abb. 44: Artenreiche Wiese. (Verf.)   Abb. 45: Artenarme Wiese (Verf.)

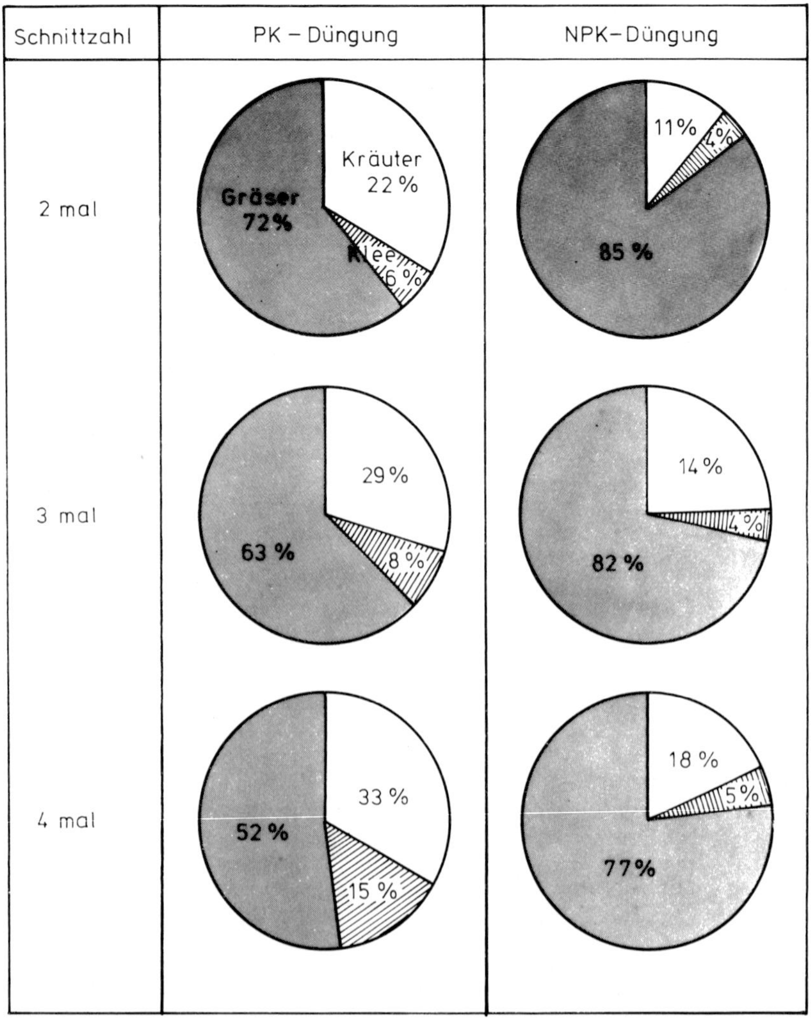

Schnittzahl	PK – Düngung	NPK–Düngung
2 mal	Kräuter 22%, Gräser 72%, Klee 6%	11%, 4%, 85%
3 mal	29%, 63%, 8%	14%, 4%, 82%
4 mal	33%, 52%, 15%	18%, 5%, 77%

Abb. 46: Veränderung der Bestandszusammensetzung einer Wiese bei Variation von zwei Faktoren: Schnittzahl und Art der Düngung, im zweijährigen Mittel. (Zahlen aus Ellenberg 1951 zit. n. Bender; umgezeichnet).
P = Phosphor, K = Kalium, N = Stickstoff.

8. HERKUNFT DER GRÜNLANDPFLANZEN

Über die Herkunft der Unkräuter wurde bereits berichtet. Dabei war vor allem von Ackerunkräutern die Rede, welche mit dem Getreideanbau größtenteils aus dem Südosten eingeschleppt wurden.

Im Gegensatz zu diesen stammen die Wiesenunkräuter meist aus der bodenständigen Flora (Apophyten).

Die Verbreitung kann auf die mannigfachste Weise geschehen. So bleiben die Früchte des Weißklees nachdem sie den Darm der Tiere passiert haben keimfähig,weshalb Weißklee auf den Spuren des weidenden Viehs erscheint.

Als früher noch Schafherden alljährlich hunderte von Kilometer durch das Land zu wandern pflegten, trugen sie mit Samen, welche an den Fellen haften blieben, zur Verbreitung bei.

Das Wasser spielt vor allem in Überschwemmungsgebieten eine große Rolle bei schwimmfähigen Samen.

Viele Wiesenpflanzen verfügen über flugfähige Samen und Früchte und nur wenige haben überhaupt keine besonderen Verbreitungseinrichtungen.

In neuerer Zeit sorgte auch der Mensch durch Samengewinnung und Ansaat in größerem Stil für die Verbreitung von Wiesenpflanzen. Erst im 17. Jh. begann man - zunächst in England - wertvolle Gräser zur Samengewinnung anzubauen. 1677 wurde Lolium perenne als "englisches Raygras" in der Grafschaft Oxford angebaut und weithin verkauft. Im 18. Jh.

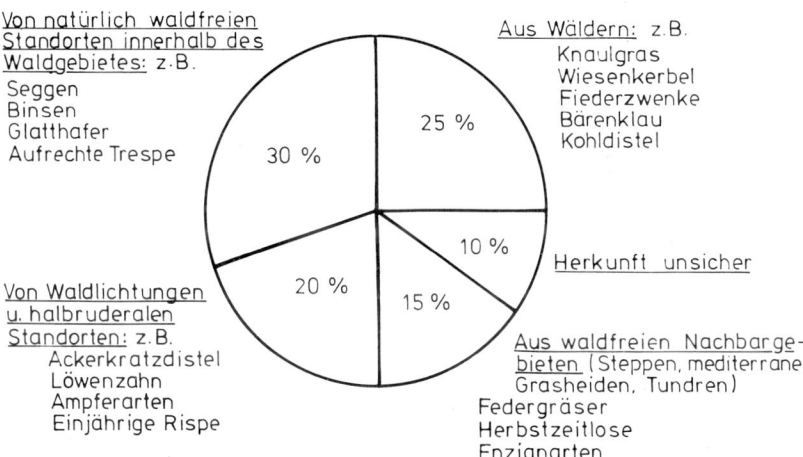

Von natürlich waldfreien Standorten innerhalb des Waldgebietes: z.B.
Seggen
Binsen
Glatthafer
Aufrechte Trespe

30 %

25 %

Aus Wäldern: z.B.
Knaulgras
Wiesenkerbel
Fiederzwenke
Bärenklau
Kohldistel

10 %
Herkunft unsicher

20 %

15 %

Von Waldlichtungen u. halbruderalen Standorten: z.B.
Ackerkratzdistel
Löwenzahn
Ampferarten
Einjährige Rispe

Aus waldfreien Nachbargebieten (Steppen, mediterrane Grasheiden, Tundren)
Federgräser
Herbstzeitlose
Enzianarten

Abb. 47: Wahrscheinliche Herkunft der häufigsten Arten von Grünlandpflanzen (Zahlen n. Ellenberg 1951)

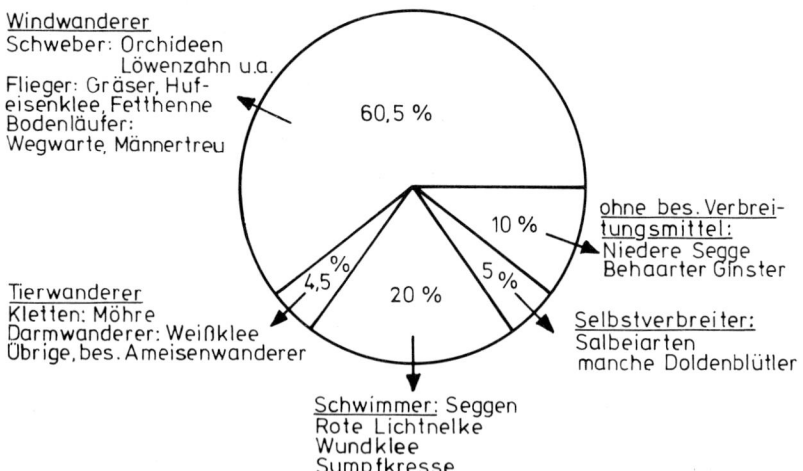

Windwanderer
Schweber: Orchideen
　　　　Löwenzahn u.a.
Flieger: Gräser, Huf-
eisenklee, Fetthenne
Bodenläufer:
Wegwarte, Männertreu

60,5 %

ohne bes. Verbrei-
tungsmittel:
Niedere Segge
Behaarter Ginster

10 %

4,5 %　　20 %　　5 %

Tierwanderer
Kletten: Möhre
Darmwanderer: Weißklee
Übrige, bes. Ameisenwanderer

Selbstverbreiter:
Salbeiarten
manche Doldenblütler

Schwimmer: Seggen
Rote Lichtnelke
Wundklee
Sumpfkresse

Abb. 48: Verbreitungsarten bei Grünlandpflanzen mit Beispielen.
　　　　Zahlen n. Ellenberg 1951

bürgerte sich auf dem Kontinent der Grassamenanbau ein. So wurde in
Frankreich u. a. das "französische Raygras" (Arrhenatherium elatius)
zuerst gezüchtet.

9.　　　SUKZESSION IN DER WIESE

Unter Sukzession (lat. successus = Aufeinanderfolge) versteht man die
zeitliche Aufeinanderfolge von Pflanzen- oder Tiergesellschaften an einem bestimmten Ort infolge Änderungen der Umwelteinflüsse.

Es wurde schon erwähnt, daß eine Wiese in ihrer Zusammensetzung etwas dynamisches ist und sich von Jahr zu Jahr ändern kann. Eine Reihe
von zeitlich aufeinanderfolgenden, entwicklungsbedingten und sich gesetz-
mäßig ablösenden Pflanzengesellschaften wird Serie (Sukzessionsserie)
oder Entwicklungsreihe genannt.

Eine Primärsukzession entsteht z. B. wenn nach einem Umbruch oder an
Böschungen von Verkehrswegen neue Wiesen angesät werden. Da sich die
einzelnen angesäten Pflanzen unterschiedlich rasch entwickeln, müssen
solche syndynamischen Eigenschaften bei der Saatmischung berücksichtigt werden. So können z. B. raschwüchsige großblättrige Arten die Umwelt für die restlichen Pflanzen so rasch verändern, daß etliche im
86

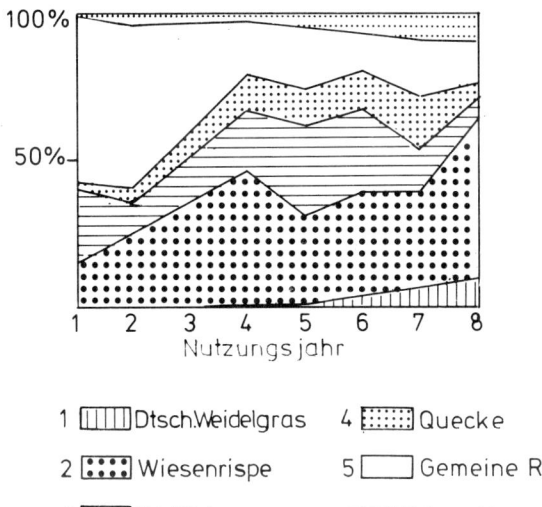

1 [▯▯▯] Dtsch.Weidelgras   4 [∷∷∷] Quecke

2 [∷∷∷] Wiesenrispe   5 [▭] Gemeine Rispe

3 [▤] Weißklee   6 [∷∷∷] Sonstiges

Abb. 49: Sukzession in einer Wiese im Laufe von 8 Beobachtungsjahren.
Ausgangsbasis war eine Selbstberasung, ohne künstliche
Ansaat unter günstigen Voraussetzungen. Der Vorteil einer
Selbstberasung ist, daß eine bodenständige Flora auftritt, welche
an Ort und Stelle sich immer besser anpaßt. Ausgekeimte Sträu-
cher und Bäume werden durch die Mahd selektiert.

Schatten keine Chance mehr haben und kümmern oder zugrunde gehen.
Im Kapitel über das Saatgut wurde bereits ein Beispiel für eine Bestandsentwicklung beschrieben. Als Ergänzung sei hier noch das Beispiel einer
Sukzession bei einer Selbstberasung unter günstigen Voraussetzungen gebracht.

In dem von Klapp gewonnenen Diagramm für dreimaligen Schnitt Abb. 50
steht am Anfang mengenmäßig der Glatthafer mit etwa 60% an erster
Stelle, gefolgt vom Knaulgras mit ca. 25%. Der Glatthaferanteil nimmt
zum 3. Jahr auf etwa 20% ab zugunsten des Knaulgrases mit ca. 63%,
bis schließlich im 4. Jahr der Glatthafer vollständig vom Knaulgras ver-
drängt ist.

Im 1. Nachwirkungsjahr (= 5. Beobachtungsjahr) steigt der Anteil des
Knaulgrases noch weiter an, so daß er im vorliegenden Versuchsfall 92%
einnimmt. In den zwei weiteren Nachwirkungsjahren (6. und 7.) dagegen
kommt der Glatthafer wieder auf. Zusammen mit den übrigen Gräsern
und Kräutern drängt er das Knaulgras im 3. Nachwirkungsjahr wieder
auf etwa 18% zurück. Bei dreimaligem Schnitt hat demnach das Knaulgras
einen deutlichen Selektionsvorteil gegenüber dem Glatthafer.

87

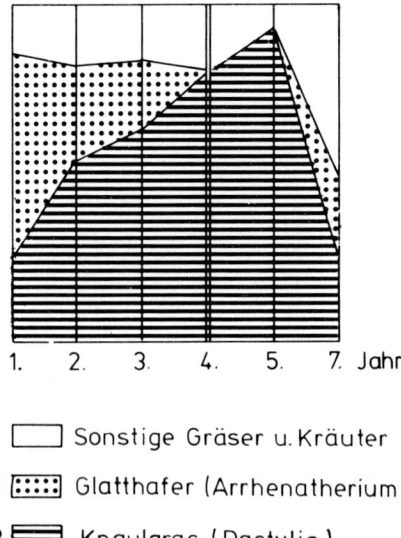

1.   2.   3.   4.   5.   7.   Jahr

1 ☐ Sonstige Gräser u. Kräuter

2 ░ Glatthafer (Arrhenatherium)

3 ☰ Knaulgras (Dactylis)

Abb. 50: Sukzession bei jährlich dreimaligem Schnitt.

Bei wöchentlichem Schnitt liegt die Sache noch einmal anders. Leider
stand kein Diagramm zur Verfügung mit der gleichen Wiese als Ausgangsbasis wie in Abb. 50. Die hier in Abb. 51 gezeigte Wiese zeichnet sich von
vorneherein durch ihren hohen Gehalt an Weißklee aus, der den wöchentlichen Schnitt mit am besten verträgt. Diese Erfahrung macht jeder, der
seinen Gartenrasen häufig schneidet. Von ca. 50% Mengenanteilen nimmt
in dem zitierten Fall der Weißklee bis zum 4. Jahr nur etwa um 10% ab
und dies zugunsten von Sumpfrispe und Gemeiner Rispe (ca. 16%) sowie
von Unkräutern, welche im 4. Jahr wöchentlichen Schnitts mit ca. 15% zu
Buche schlagen, also zunehmen.

In den Nachwirkungsjahren (ab dem 4. Beobachtungsjahr) verändert sich
die Bestandszusammensetzung wiederum beträchtlich. Mit Aufhören des
wöchentlichen Schnitts können Gräser wie das Knaulgras, aber auch die
Wiesenrispe und der Wiesenschwingel wieder hochwachsen. Auf dem damit stärker beschatteten Boden hat dann der niedrig wachsende Weißklee
keine Chance mehr und verschwindet. Nach dem 5. Beobachtungsjahr
taucht sogar der Glatthafer auf.

Der Schnitt selbst und seine Häufigkeit üben einen starken Selektionsdruck auf die Pflanzengesellschaft aus. Man kann sie als ein Gesamt-
system betrachten, welches in seiner Zusammensetzung dem Selektionsdruck nachgibt und in die Richtung, d. h. in die Zusammensetzung hin

88

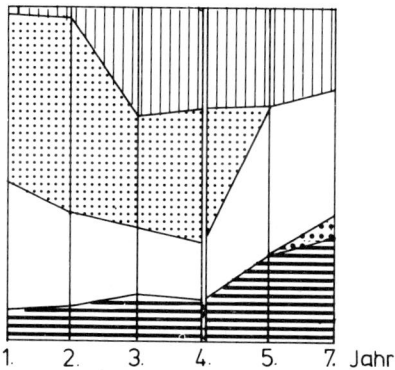

1.   2.   3.   4.   5.   7. Jahr

1 ⬚ Jährl.Rispe, Sumpfrispe, Gemeine Rispe, versch. Kräuter

2 ⬚ Weißklee

3 ⬚ Wiesenrispe, Deutsch.Weidelgras, Wiesenschwingel

4 ▤ Knaulgras

Abb. 51: Sukzession bei wöchentlichem Schnitt (Parkrasenschnitt).
(n. Klapp 1971) Zeichenerkl. wie Abb. 50 Erklärung im Text.

ausweicht, welche dem Druck den geringsten Widerstand bietet. Oder
mit anderen Worten, nur wenige Pflanzen können trotz mehrfachen
Schnitts weiter existieren und halten dem starken Selektionsdruck stand.

Infolgedessen wird die Pflanzengesellschaft artenärmer; jedoch die Arten
werden individuenreicher. Die Wirkung des Vielschnitts beruht unter anderem darauf, daß Wurzeln, Rhizome und Stoppeln reduziert werden, da
das Wurzelwachstum durch jeden Schnitt unterbrochen wird. Tiefstehende
und liegende Pflanzen werden durch den Schnitt i. d. R. nicht erreicht,
weshalb sie weiterwachsen können. Ist der Obergrasbestand beseitigt,
erhalten sie auch mehr Licht zur Assimilation.

Als weiteres Beispiel einer Sukzession kann das Diagramm dienen, welches die Bekämpfung des Wiesenknöterichs zeigt (Abb. 36).

10.   ASPEKTE DER WIESE

Innerhalb eines Jahres verändern sich Pflanzen- und Tierwelt einer Biozönose mit dem Ablauf der Jahreszeiten. Neben einem Kern von ständig
vorhandenen Arten können in den einzelnen Jahreszeiten saisongebundene
Organismengruppen auftreten, die dann jeweils das Bild der Biozönose
bestimmen. Diese verschiedenen Erscheinungsformen der Biozönose bezeichnet man als Aspekte, ihre Aufeinanderfolge als Aspektfolge. Stärker
als Saisonarten bestimmen in der Wiese die jeweiligen vegetativen, blü-
henden oder fruktifizierenden Zustände der einzelnen Arten die Aspekte.

Durch die jahreszeitliche Bedingtheit unterscheidet sich der Aspekt
streng von einer Sukzession, die immer Veränderungen über mehrere
Jahre hinweg einschließt.

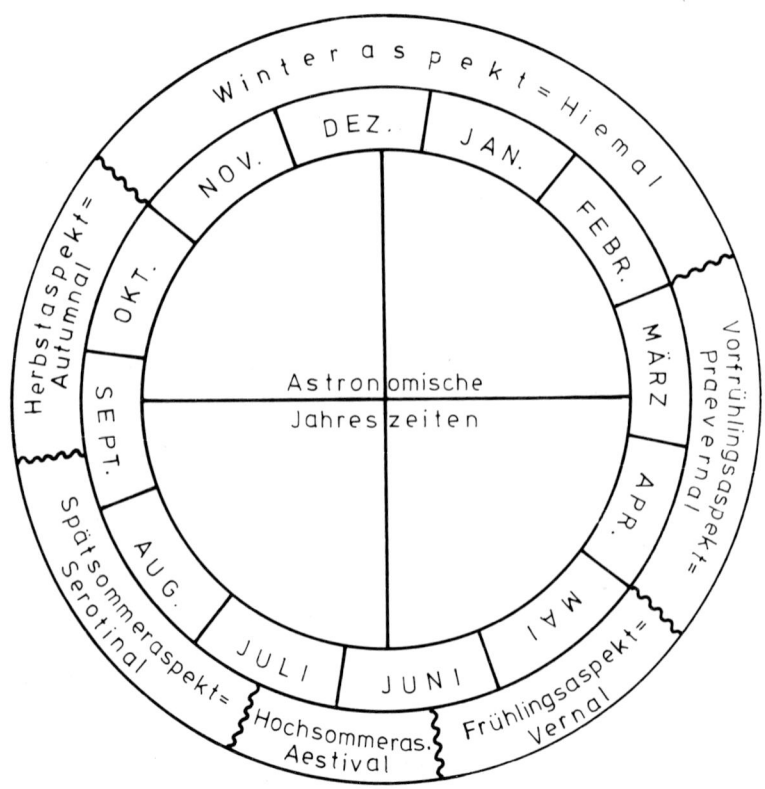

Abb. 52: Aspektfolge in Mitteleuropa. (Zeitangaben n. Tischler, W. 1955)

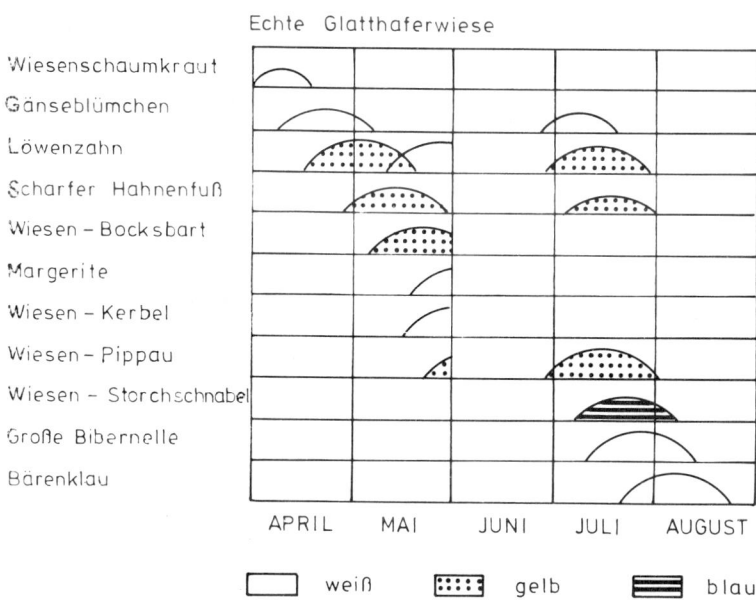

Salbei – Glatthaferwiese

	APRIL	MAI	JUNI	JULI	AUGUST
Knolliger Hahnenfuß					
Löwenzahn					
Wiesen –Bocksbart					
Wiesen– Kerbel					
Wiesen –Salbei					
Wiesen – Witwenblume					
Margerite					

Echte Glatthaferwiese

Wiesenschaumkraut					
Gänseblümchen					
Löwenzahn					
Scharfer Hahnenfuß					
Wiesen – Bocksbart					
Margerite					
Wiesen – Kerbel					
Wiesen – Pippau					
Wiesen – Storchschnabel					
Große Bibernelle					
Bärenklau					

APRIL   MAI   JUNI   JULI   AUGUST

☐ weiß   ▦ gelb   ▤ blau

Abb. 53: Blütezeiten der, den Aspekt bestimmenden Kräuter in einigen
Wiesengesellschaften des württembergischen Neckarbeckens im
Jahre 1950. (n. Zeller, zit. bei Ellenberg 1952). Die Abbildung
zeigt den Entwicklungsgang einiger Arten die durch ihre Blüten
oder Fruchtstände auffallen. Die Blütenfarben lösen sich in
bunter Folge ab und mischen sich in kennzeichnender Weise.
Dadurch wechselt der Aspekt der Pflanzengesellschaft so sehr,
daß man meint, jedesmal eine andere Wiese vor sich zu haben,
wenn man sie in größeren Zeitabständen betrachtet

Für eine Wiese wird die jahreszeitlich bedingte Aspektfolge durch das Eingreifen des Menschen in der Mahd und Beweidung wesentlich verstärkt.

Die Farbaspekte der Wiese, welche sich aus den verschiedenen Blüte- und Fruktifikationszeiten ergeben sind in Abb. 53 zusammengefaßt. Kurz lassen sie sich folgendermaßen in idealisierter Weise schildern:

1. gelbe Welle	(Schlüsselblumen Primula elatior u. P. officinalis)
1. weiße Welle	(Gänseblümchen Bellis perennis, und Wiesenschaumkraut Cardamine pratensis)
2. gelbe Welle	(Löwenzahn Taraxacum officinale, Wiesenbocksbart Tragopogon pratense)
3. gelbe Welle	(Scharfer Hahnenfuß Ranunculus acer)
rote Welle	(Kuckucks-Lichtnelke Lychnis flos cuculi)
2. weiße Welle	(Wiesenkerbel Anthriscus silvestris)
3. weiße Welle	(Löwenzahnfruchtstände)

Dieser letzte Aspekt wird meist durch die Mahd jäh unterbrochen. Die Biozönose ist jetzt ihrer krautigen Schicht beraubt und die übrig gebliebenen Stoppeln lassen sie in einem hellen Gelb erscheinen. Durch erneutes Heranwachsen der Gräser und Kräuter wandelt sich die Wiese über verschiedene Grüntöne zu den Aspekten des Sommers. Die Buntheit der Frühjahrswiesen ist nun vorüber, da nur noch wenige Arten zum Blühen kommen. Vorherrschend sind neben blauen und violetten Tönen (Wiesenstorchschnabel, Wiesensalbei) vor allem das Weiß vieler hochstaudiger Umbelliferen (Große Bibernelle Pimpinella major, Bärenklau Heracleum sphondylum und Wiesenkerbel). Dieser Zustand wird als weiße Sommerwelle bezeichnet. Ist diese durch die 2. Mahd beseitigt, erscheinen die Wiesen wieder grün. Eine violette Welle leitet den Herbst ein, mit den Herbstzeitlosen (Colchicum autumnale). Es ist einleuchtend, daß diese Aspekte je nach Standort und Zusammensetzung der Pflanzengesellschaft anders ausfallen wird. Einen besonderen Reiz bietet es aber, einen Wiesensommer lang die Aspekte auf ein und derselben Fläche zu verfolgen.

Untersucht man die Aspekte unter dem Einfluß der Mahd, ergeben sich allein aus der Höhe des jeweiligen Pflanzenbestandes typische Grundmuster. Karl Bertsch, dem wir die lebendige Beschreibung vieler Lebensgemeinschaften verdanken, hat die Aspekte einer dreischürigen Wiese im Laufe eines Jahres treffend geschildert: Zitat aus K. Bertsch 1947

"Den Winter überdauern die Wiesenpflanzen im Zustand der Ruhe. Alle haben ihre oberirdischen Teile so weit als möglich verkleinert. Am vollkommensten ist es den wenigen einjährigen Arten gelungen, die als Früchte oder Samen überwintern. Andere haben sich gänzlich in den Boden zurückgezogen auf ihre unterirdischen Erdstämme, auf Zwiebeln und Knollen. Viele haben aber wenigstens ihre untersten Blätter behalten. Durch den Druck des Schnees sind sie dicht an den Boden angepreßt worden. Sie zeigen jetzt eine stumpf trübgrüne, oft ins Gelblichbraune spielende Färbung. Nur die ersten Frühlingsblumen erwachen bald nach dem Abschmelzen des Schnees, zuerst Gänseblümchen und Schneeglöckchen, dann Veilchen und Schlüsselblumen. Es ist die Zeit des ERSTEN TIEFSTANDES, der meist bis Mitte April andauert.

Bei 9 bis 10 Grad Wärme treiben auch die Hauptpflanzen der Wiese aus,
vor allem die Gräser. Die Wiese ergrünt von zahlreichen jungen Spros-
sen. Um Georgi, 23. April, erstrahlt die ganze Fläche in gleichmäßigem,
frischem Grün. Darum werden die Wiesen zu diesem Zeitpunkt herkömm-
licherweise geschlossen und dürfen nicht mehr betreten werden. In erstaunlich kurzer Zeit geht die Wiese ihrem ersten Hochstand entgegen.
Fast von Woche zu Woche verändert sich das Bild. Zuerst leuchtet die
ganze Fläche vom Goldgelb der Kuhblumen. Dann breitet das Schaumkraut
einen blaß veilchenblauen Schleier über die Fläche. Bald darauf wird die
Wiese wieder gelb von den zahllosen Blütchen des Hahnenfuß, der Wiesen-
Grundfeste und des Löwenzahns. Endlich folgt ein wunderbares Farben-
spiel: Goldgelb erstrahlen die großen Blütensterne des Wiesen-Bocksbarts
blau sind Glockenblumen, Salbei und Storchenschnabel, rot Licht- und
Kuckucksnelken, Klee/und Esparsetten,/ weiß Wucherblume, Lab- und
Hornkraut. Jede einzelne Art zeigt eine andere Abstufung des Farbentons.
Die Wiese steht nun in höchster Pracht. Zuletzt entfalten die Gräser ih-
re Rispen und verhüllen all die Herrlichkeit unter ihrem goldbraunen
Schleier. Der Gipfelpunkt des ERSTEN HOCHSTANDES ist erreicht,
knapp zwei Monate nach dem ersten Ergrünen.
Noch während der Hauptblütezeit, bevor die Masse der Wiesenpflanzen
Zeit hatte, ihre Früchte auszubilden, beginnt die Heuernte, und mit einem Schlag vernichtet die Sense die gesamte Pflanzenpracht. DER ZWEI-
TE TIEFSTAND ist erreicht. Als Zeitpunkt galt früher Johanni (24. Juni),
aber heute wird der Beginn immer weiter vorverlegt mit dem Ergebnis,
daß die Auslese unter den Wiesenpflanzen noch weiter verschärft wird.
Die Unterbrechung ist aber nur von kurzer Dauer. Unter den günstigen
klimatischen Bedingungen des Sommers wachsen die Wiesenpflanzen wieder rasch heran, und es kommt zu einem ZWEITEN HOCHSTAND, der
freilich in der durchschnittlichen Höhe der Einzelpflanzen und im Reichtum der Formen hinter dem ersten zurückbleibt. Viele Arten des ersten
Hochstandes treiben neue Blüten. In der Hauptsache aber kommt ein neues Geschlecht an die Reihe. Weiße, blasse und trübe Farben herrschen
unter den Blüten vor: Bärenklau, Kohldistel, Silau, Augentrost, Wiesen-
knopf und Teufelsabbiß. _↗ Grummet
Mit der Öhmdernte in der zweiten Hälfte des August folgt ebenso schlagartig ein DRITTER TIEFSTAND, der in rauheren Lagen allmählich in
den Wintertiefstand übergeht. In milderen Gegenden aber erheben sich
die meisten Wiesenpflanzen noch einmal und bilden neue Triebe aus. Als
letzte Blume erscheint die Herbstzeitlose. Die Wiese geht einem schwa-
chen DRITTEN HOCHSTAND entgegen, dem schließlich eine dritte Mahd
oder das Abweiden durch das Vieh ein Ende bereitet.
Durch das natürliche Absterben der höheren Pflanzenteile tritt dann die
Wiese in den vierten Tiefstand ein, in dem sie die Winterruhe verbringt. "
Daß sich die Aspektfolge einer Wiese auch noch nach anderen Gesichts-
punkten aufschlüsseln läßt, zeigt Abb. 55 mit dem phänologischen Diagramm einer Glatthaferwiese. Hier geht es nicht um Farben, sondern um
die jeweils vorherrschenden Bestäubungseinrichtungen.
Durch die Kombination der drei Faktoren: Blütenfarbe, Blütentyp, bestäu-
bende Insekten, lassen sich innerhalb der einzelnen Aspekte synökologische Bezüge herstellen.

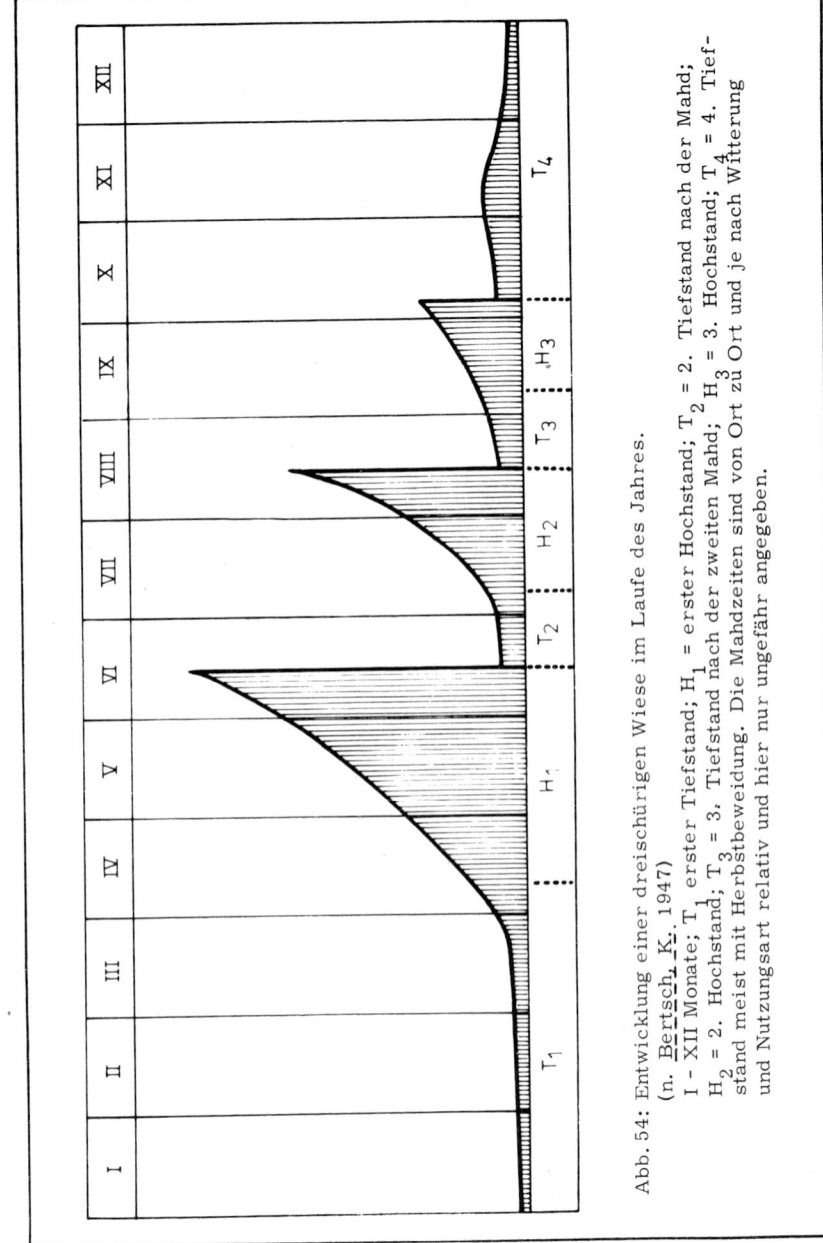

Abb. 54: Entwicklung einer dreischürigen Wiese im Laufe des Jahres.
(n. Bertsch, K. 1947)
I - XII Monate; T_1 erster Tiefstand; H_1 = erster Hochstand; T_2 = 2. Tiefstand nach der Mahd; H_2 = 2. Hochstand; T_3 = 3. Tiefstand nach der zweiten Mahd; H_3 = 3. Hochstand; T_4 = 4. Tiefstand meist mit Herbstbeweidung. Die Mahdzeiten sind von Ort zu Ort und je nach Witterung und Nutzungsart relativ und hier nur ungefähr angegeben.

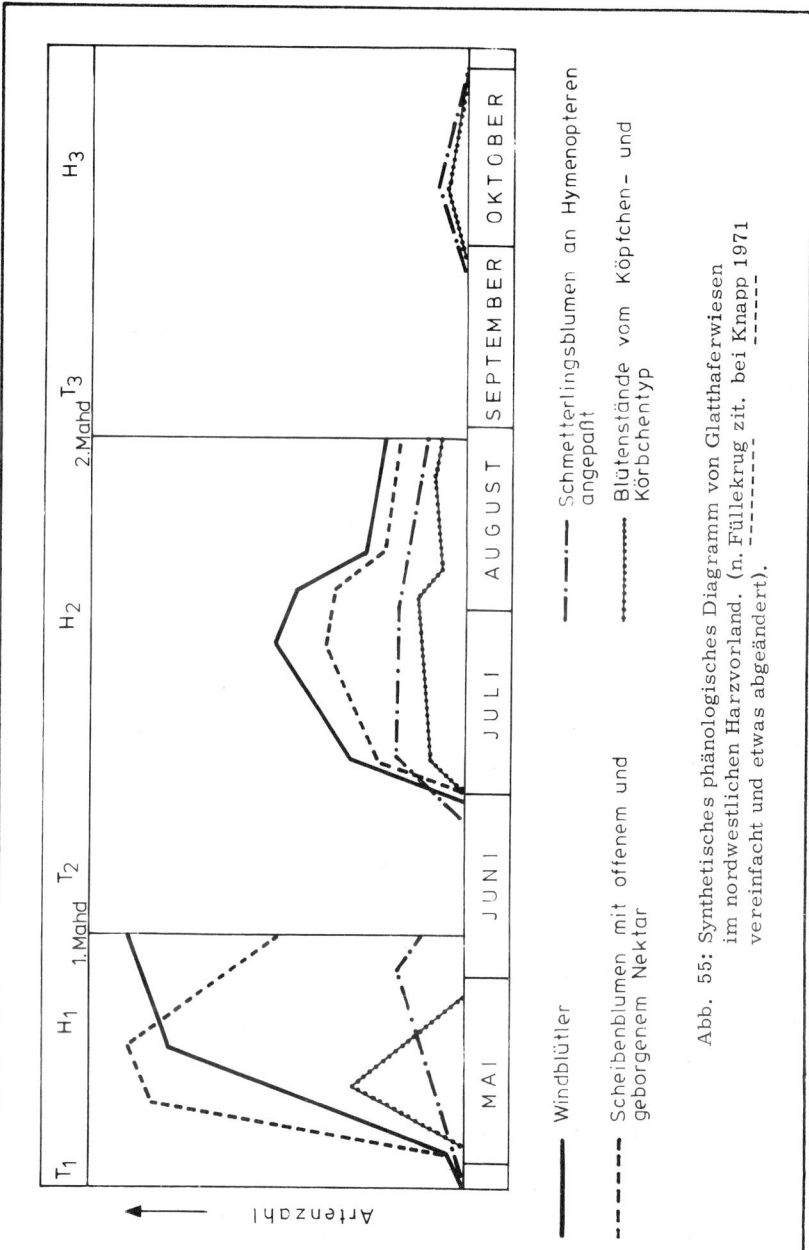

Abb. 55: Synthetisches phänologisches Diagramm von Glatthaferwiesen im nordwestlichen Harzvorland. (n. Füllekrug zit. bei Knapp 1971 vereinfacht und etwas abgeändert).

Windblütler

Scheibenblumen mit offenem und geborgenem Nektar

Schmetterlingsblumen an Hymenopteren angepaßt

Blütenstände vom Köpfchen- und Körbchentyp

Artenzahl

T_1 H_1 1.Mahd T_2 H_2 2.Mahd T_3 H_3

MAI JUNI JULI AUGUST SEPTEMBER OKTOBER

11.   FOLGEN DER MAHD

Durch die Mahd wird die Entwicklung der Pflanzen 2-3mal wesentlich
gestört. Gedeihen können nur solche Pflanzen, die den Mahdrhythmus ertragen und sich ihm in irgend einer Form einpassen. Je besser der
konstitutionelle Entwicklungsrhythmus eine Pflanze mit dem Mahdrhythmus harmonisiert, desto besser vermag sie sich gegenüber diesem
Selektionsfaktor zu behaupten.
Da sich mit der Mahd auch das gesamte Mikroklima der Wiese schlagartig ändert, ist es nicht allein der mechanische Schnitt, der die Biozönose beeinflußt, sondern sind es auch Licht, Temperatur, Temperaturunterschiede, Wind, Verdunstung und Luftfeuchtigkeit, welche sich ändern und dadurch auch die Biozönose beeinflussen.

11.1   VERÄNDERUNGEN DES MIKROKLIMAS DURCH DIE MAHD

Die Abb. 56 ist natürlich sehr verallgemeinernd, zeigt aber trotzdem die
wesentlichen Veränderungen des Mikroklimas im Bereich der Krautschicht einer Wiese.
Während im Hochstand der Wiese das Licht zum Boden hin stark abnimmt,
kann es nach der Mahd ungehindert bis in Bodennähe vordringen, wo es

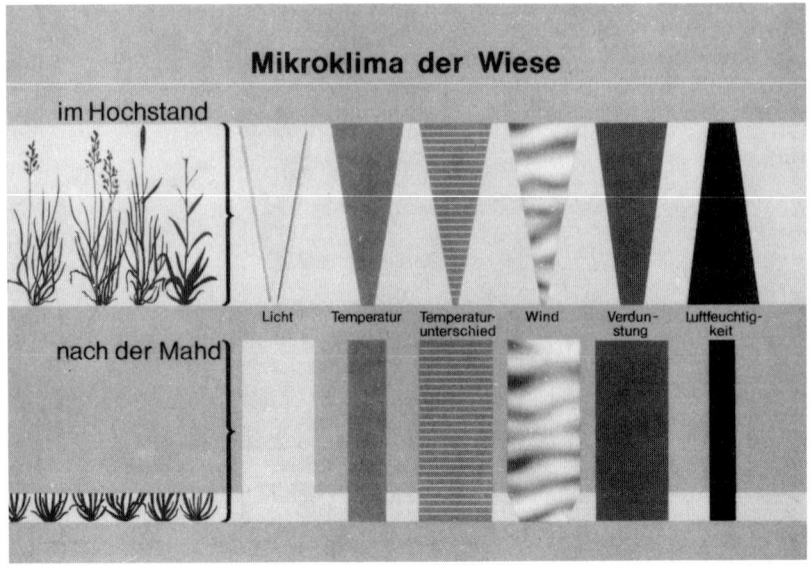

Abb. 56: Mikroklima im Hochstand der Wiese und nach der Mahd.
(Erkl. im Text)

lediglich durch die Stoppeln etwas abgeschwächt wird. Auch die Temperaturen nehmen i. d. R. im Hochstand von oben nach unten ab. Die Krautschicht bewahrt allerdings den Boden vor zu starker Ausstrahlung bei Nacht, und zu starker Einstrahlung untertags. Ist diese Schicht entfernt, kann der Boden nahezu ungehindert bei Tage Wärme aufnehmen und bei Nacht wieder ausstrahlen. Die Temperaturunterschiede werden demnach höher sein, als bei bedeckender Krautschicht.

Der Wind wird im Hochstand durch die Krautschicht zum Boden hin abgeschwächt und kann nach der Mahd ungehindert die bodennahen Schichten berühren. Durch eine hohe Krautschicht wird die Verdunstung im Bodenbereich herabgemindert. Nach Beseitigung der Krautschicht werden der Boden und die bodennahen Schichten der Vegetation ungehindert Wasser an die Atmosphäre abgeben. Die Luftfeuchtigkeit, welche im Hochstand von oben nach unten stark zunimmt, ist nach der Mahd herabgesetzt, wodurch wiederum die Verdunstung erhöht wird.

11.2   DIE EINPASSUNG VON PFLANZEN IN DEN MAHDRHYTHMUS

Mit Bertsch unterscheiden wir drei Möglichkeiten für die Pflanzen, der Mahd zu entgehen:

1. Der natürliche Entwicklungsgang einer Pflanze paßt mehr oder weniger zufällig in den Rhythmus der Mahd.
2. Die Pflanze bildet nach jedem Schnitt Ersatzsprosse aus und beginnt erneut zu wachsen.
3. An einer Pflanze werden durch den Schnitt zunächst Korrekturen vorgenommen. Schließlich paßt sie sich aber den Bedingungen an.

11.2.1.   Beispiele für Pflanzen, die dem ersten Tief- und Hochstand eingepaßt sind.

Die hohe Schlüsselblume (Primula elatior)

Durch die hohe Schlüsselblume wird im Frühjahr meist zum ersten Mal in großer Fläche Farbe in die Wiese gebracht. Die Pflanze verfügt über einen unterirdischen Erdstamm, in dem sie im Vorjahr reichlich Baustoffe gespeichert hat. Blätter und Blütenknospen wurden schon frühzeitig angelegt. Durch die warme Frühlingssonne beginnen sie zeitig mit dem Wachstum und entfalten Anfang April bis Mai ihre einseitswendigen Dolden mit den vielen schwefelgelben Blüten. Sind die Pflanzen verblüht, wird ihr Schaft steif und elastisch, die Fruchtstiele richten sich auf und erhärten. Dadurch werden die Kapselfrüchte senkrecht nach oben gestellt. Bei trockenem Wetter rollen sie in reifem Zustand ihre Zähne zurück und bilden nun eine Schleuder, aus welcher der Wind durch jeden Stoß etliche Samen herauswirft. Bei Feuchtigkeit wird die Kapsel durch Krümmung der Zähne wieder geschlossen und dadurch die Samen vor Nässe geschützt.

97

Abb. 57: Schlüsselblumenwiese (Verf.)

In dieser Zeit wird die Pflanze zunehmend von höher- und rascherwüchsi-
gen Formen überwuchert und wenn schließlich die Mahd kommt, ist der
Fortpflanzungszyklus bereits abgeschlossen.

Der gemeine Löwenzahn = Kuhblume
(Taraxacum officinale)

Der Löwenzahn kann in weiten Teilen Mitteleuropas als Charakterpflanze
der Wiese angesehen werden, einmal weil er in den Monaten April-Mai
zuerst mit seinen gelb leuchtenden Blüten und später mit seinen weißen
Fruchtständen einen wesentlichen Anteil an der Aspektfolge der Wiese
hat, zum anderen weil er, der früher relativ selten war, erst durch die
Wiesenkultur und Jauchedüngung zu seiner heutigen Massenverbreitung
gelangte. Als Grünfutter wird er vom Vieh gern angenommen und gilt
als ertragsreich. Da der Roheiweißgehalt nach der Blütezeit abnimmt,
die Pflanze aber vor der Heuernte bereits abgeblüht, die Fruchtschäfte
bereits umgefallen und häufig in Verwesung übergegangen sind, wird der
Löwenzahn doch nicht zu sehr geschätzt, zumal seine dichten Blattro-
setten bessere Futterpflanzen am Hochkommen hindern. Hinzu kommt,
daß die Blätter in getrocknetem Heu zerbröseln und dadurch wertlos
werden. Andererseits gilt der Löwenzahn als eines der besten Bienen-
kräuter, aber auch zahlreiche Falter, Käfer, Fliegen u. a. besuchen

98

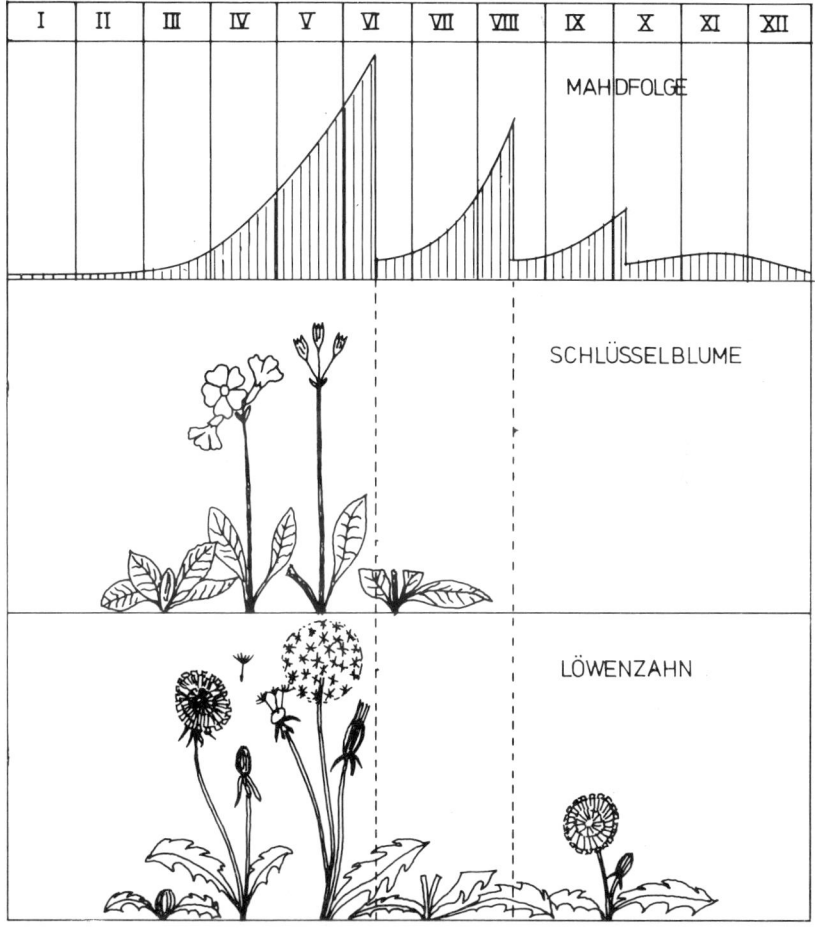

I	II	III	IV	V	VI	VII	VIII	IX	X	XI	XII

MAHDFOLGE

SCHLÜSSELBLUME

LÖWENZAHN

Abb. 58: Einpassung der Schlüsselblume und des Löwenzahns in den
1. Tiefstand und Hochstand der Wiese (Erkl. im Text)

die 100-200 Blüten eines Körbchens. Wenn auch für den Löwenzahn selbst
der Tierbesuch bedeutungslos ist, da Parthenogenese vorliegt, wird doch
das Angebot an Nektar, Pollen und Übernachtungsmöglichkeiten, sowie
Regenschutz, für viele Insekten eine Rolle spielen. Über die Blütentem-
peraturen wurde schon berichtet.

11.2.2. Pflanzen, die zufällig in die Mahdfolge eingepaßt sind.

Frühlingskrokus (Crocus albiflorus)

Herbstzeitlose (Colchicum autumnale)

Diese beiden Pflanzen sind eigentlich Fremdlinge in Mitteleuropa. Sie stammen beide aus dem Mittelmeerraum und zeigen Anpassungen an die Sommertrockenheit des mediterranen Klimas. Um so verwunderlicher ist es, daß sie in manchen Gegenden in so großer Menge auftreten, so daß sie Aspekte der Wiese wesentlich mitgestalten.

Der Krokus blüht und verblüht unmittelbar nach Abschmelzen des Schnees auf Bergwiesen und in tieferen Lagen des Alpenrandes. Sein Fruchtknoten liegt tief in der Erde. Neuerlicher Schneefall kann durch Perigonschluß und Bergung der Blüte zwischen die sie überragenden Laubblätter ohne wesentlichen Schaden ertragen werden. Bei einschürigen Bergwiesen erscheint der Fruchtknoten, der ursprünglich im Boden liegt, durch Streckung des Stengels, noch vor der alpinen Mahd (Anfang August), die Kapseln springen auf und die Samen können verstreut werden.

Bei mehrschürigen Wiesen überdauert der Fruchtknoten die erste Mahd im Boden und schiebt sich dann in den 2. Hochstand hinein. Fällt jedoch das Fruktifizieren in die 1. Mahd, dann fällt die Samenkapsel der Ernte zum Opfer. Überall wo dies der Fall ist, kann der Frühlingskrokus auf die Dauer nicht gedeihen.

Abb. 59: Krokuswiese (Verf.)

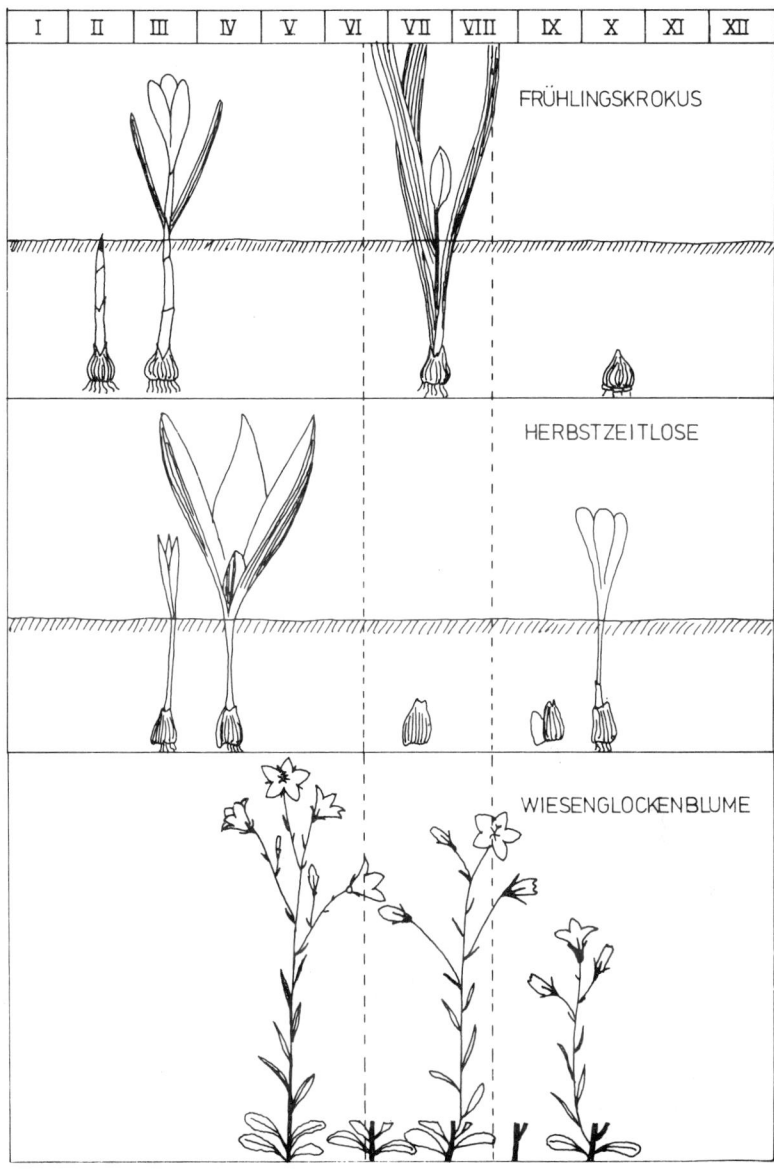

| I | II | III | IV | V | VI | VII | VIII | IX | X | XI | XII |

FRÜHLINGSKROKUS

HERBSTZEITLOSE

WIESENGLOCKENBLUME

Abb. 60: Krokus und Herbstzeitlose sind zufällig in den Mahdrhythmus eingepaßt. Die Wiesenglockenblume dagegen verträgt die Mahd dadurch, daß sie Ersatzsprosse bildet

Abb. 61: Herbstzeitlose im Herbst und im Frühjahr. (Erkl. im Text)

Ein gewisses Gegenstück zum Frühlingskrokus ist die Herbstzeitlose. Sie ist die einzige Wiesenpflanze, die erst im 3. Tiefstand blüht und mit ihrer lila Färbung dem Herbstaspekt der Wiese noch einen späten Farbakzent verleiht. Tief im Boden, in der Wurzelknolle liegt der Fruchtknoten, der nach der Befruchtung zunächst in eine Winterruhe verfällt. Erst im nächsten Frühjahr wird er hochgeschoben und gelangt noch vor dem Wachstum des Grases zusammen mit den Laubblättern über die Erde. Die assimilierenden fleischigen Blätter liefern die Stoffe für eine Adventivknolle. Bis zur Mahd ist dann die Fruchtkapsel reif, so daß häufig gerade durch die Heuernte die Samen verbreitet werden. Sie keimen allerdings erst nach ca. 4 Jahren aus. Im Boden überdauert die Knolle den Sommer und erst nach der letzten Mahd kommen wieder die Blüten. Gestört wird dieser Entwicklungsgang überall dort, wo z. B. zur Grünfuttergewinnung in einer Zeit gemäht wird, in der gerade die Blätter mit der Fruchtkapsel in der Wiese stehen, also sehr früh.

Da die Pflanze in allen ihren Teilen das giftige Alkaloid Colchizin enthält, gehört sie zu den obligatorischen Unkräutern der Wiese. Beim Trocknen des Heues geht dieses Gift nicht verloren und man kann seine Existenz z. B. bei Ziegen bis in deren Milch hinein verfolgen, über die es vom Menschen getrunken noch wirksam werden kann.

11. 2. 3. Einfluß der Mahd auf die Gräser

Viele Gräser ähneln in ihrem Wuchsverhalten dem Geruchgras. Wenn durch die Sense die Sprosse verloren gehen, machen sie dies durch Ersatzsprosse wett. Sie bilden Seiten- und Adventivwurzeln aus, wodurch der Rasen sich verdichtet. Die Seitentriebentwicklung wird bei Gräsern als Bestockung bezeichnet. Ihre Grundlage sind Seitenknospen, die fast gleichzeitig mit der Entstehung der Blattprimordien am Vegetationskegel ausdifferenziert werden. In der Achsel eines jeden Blattes ist eine Seitenknospe angelegt. Diese wächst dort bis zu einer bestimmten Größe heran, von der ab hemmende oder fördernde Einflüsse bestimmen, ob die Knospe weiter in einem Ruhestadium verharrt, oder sich zu einem Trieb entwickelt.

Mit dem Austreiben einer Seitenknospe entwickeln sich an dem Knoten, an dem die Knospe sitzt Adventivwurzeln, die eine selbständige Versorgung eines jeden Triebes mit Wasser und Nährsalzen begünstigen und seine individuelle Verselbständigung nach Abtrennung von der Mutterpflanze ermöglichen.

Die Bestockung wird von vielerlei Faktoren (Licht, Tageslänge, Temperatur) gefördert. Hemmende Faktoren sind die Konkurrenz von anderen aktiven Blattmeristemen und von Blütenmeristemen (Klapp 1971). Eine weitere Rolle spielt die Konkurrenz mit anderen Pflanzen im Wurzelraum um Wasser und Salze, sowie über dem Boden um Licht. Auch eine gegenseitige stoffliche Beeinflussung der Pflanzen untereinander ist denkbar (Allelopathie).

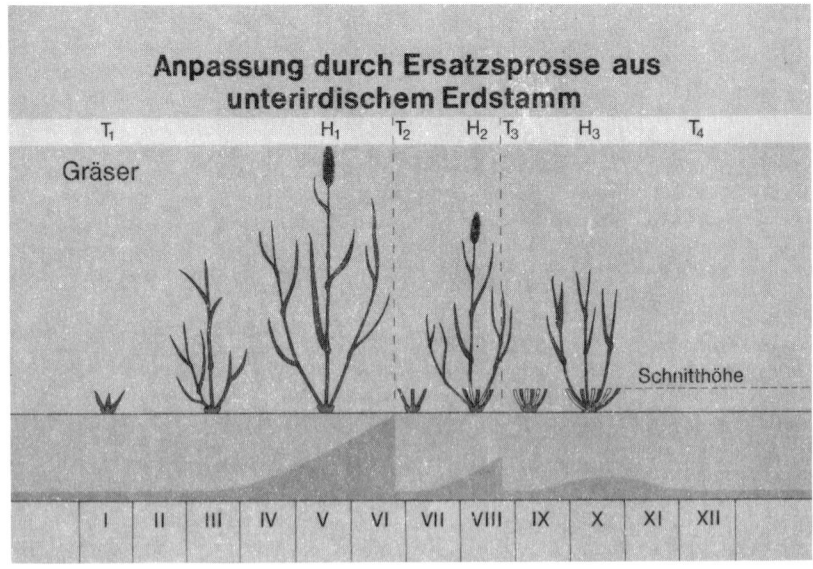

Abb. 62: Viele Gräser entwickeln ebenfalls Ersatzsprosse

Zu diesem, schwer durchschaubaren Ursachengefüge kommt die Nutzung hinzu. Wenn die Aktivierung der Seitenknospen stark von der Assimilatversorgung abhängt, muß die Entfernung der jüngsten, das sind die am stärksten assimilierenden Blätter, durch die Mahd, jedesmal zur Bestockungshemmung führen. Andererseits führt aber wiederum die Beseitigung der schossenden Triebe zur Beseitigung ihre bestockungshemmenden Einflusses. Hinzu kommt verstärkter Lichteinfall, wodurch die Bestockung wiederum gefördert wird. So können nach Überwindung der hemmenden Einflüsse, öfters genutzte Wiesen eine größere Triebzahl aufweisen.

Bei manchen Arten wachsen Seitenknospen bevorzugt zu Rhizomen (oder Stolonen) aus (Poa pratensis, Agrostis canina u. v. a.).

Auch dieses Rhizomwachstum ist von vielen Faktoren abhängig. Ob eine Seitenknospe in den Achseln der unteren Blätter zum Seitentrieb, oder Rhizom auswächst, kann durch die Lichtintensität (bei Agropyron repens führt Unterbelichtung zur Rhizombildung, starke Belichtung zum Seitentrieb) oder Stickstoffversorgung (bei der Quecke führt hohe N-Versorgung zu Seitentrieben, geringe Versorgung zu Rhizomen) beeinflußt werden.

Wie die Bestockung wird auch die Blattbildung von vielen Faktoren beeinflußt (Genotyp, Temperatur, Lichtverhältnisse, Nährstoffversorgung, Nutzung). Zu diesen Faktoren kommen gegenseitige Wechselwirkungen der Blattbildung mit Seitentrieb-, Wurzel- und Blütenstandsentwicklung.

104

	Grasart	Nutzungscharakteristik
Abnehmende Schnelligkeit des Wachstums	Deutsches Weidelgras	Weidegras
	Wiesenrispe	Mähweide (Weide- u. Mähgras)
	Wiesenschwingel	Mähweide " "
	Knaulgras	Mähweide " "
	Lieschgras	Mähweide (Mäh- u. Weidegras)
	Glatthafer	Wiesengras (zweischürig)

Abb. 63: Nachwuchsvermögen von verschiedenen Grasarten. (n. BLV 1972)

Nach der Mahd ist es z. B. wichtig, ob die Reservestoffe rasch mobilisiert werden können und ob die Triebe rasch nachwachsen. Beides ist genetisch bedingt. So wachsen z. B. beim Glatthafer 30 %, beim Wiesenschwingel 80 % und beim Deutschen Weidelgras sogar 90-95 % der Triebe weiter. Auch der Zuwachs pro Tag ist verschieden (Knaulgras und Wiesenschwingel bis 1, 8 cm/Tag; Deutsches Weidelgras zw. 0, 3 und 1, 2 cm/ Tag). Je größer das Nachwuchsvermögen ist, desto häufiger kann das Gras genutzt werden.

Das Wurzelsystem wird durch die Nutzung ebenfalls stark gestört. Zunächst sterben die alten Wurzeln ab. Sind dann neue Assimilate gebildet, setzt neues Wurzelwachstum ein. Mit zunehmender Schnittnutzung wird die Zone der Durchwurzelung immer flacher.

11. 2. 4 Wiesenglockenblume (Campanula patula)
Weißklee (Trifolium repens)

Die Wiesenglockenblume bildet nach der Mahd Ersatzsprosse aus Augen am abgeschnittenen Stengelstumpf. Dadurch kann sie sogar nach einem 3. Schnitt noch einmal zum Blühen kommen.
Der Weißklee ist eine der am vollkommensten angepaßten Wiesenpflanzen. Nicht umsonst tritt er bei häufiger Mahd immer stärker im Bestand hervor. Ermöglicht wird ihm dies durch einen ästigen Erdstock, aus welchem Hauptstengel entspringen, die am Boden liegen und mehrere Dezimeter lang werden können. An den Knoten treiben sie Wurzeln und erheben sich nur an der Spitze. Dadurch entgehen sie dem Schnitt. Lediglich die langgestielten Blätter, sowie die aufgerichteten Blütenköpfchen fallen der Mahd zum Opfer. So kann sich die Pflanze durch erneute Ausbildung von Blättern und Blütenständen rasch wieder erholen. Man findet sie deshalb auch in jedem Hochstand blühend.
Für viele andere Wiesenpflanzen lassen sich Anpassungen nachweisen, mit denen sie der Selektion durch die Mahd entgehen. BERTSCH 1947 hat etliche davon zusammengestellt.

Als Biotop oder Lebensraum wird die Gesamtheit aller abiotischen Faktoren (Klima, Boden, Untergrund, Wasser u. s. w.) an einem Ort bezeichnet.
Das Gefüge aller auf dem Biotop lebenden und wirkenden Pflanzen, Tiere und Menschen ist die Biozönose. Biotop und Biozönose zusammen ergeben das Ökosystem.
Die Biozönose läßt sich in Einheiten mit ähnlichen abiotischen Faktoren schichten. Man spricht dann von Stratozönosen. Diese Schichtung erlaubt eine Grobgliederung der Wiese in Boden-, Streu-, Kraut-, Blütenschicht und eventuell Luftschicht über den Pflanzen.
Eine weitere Gliederung führt zu immer kleineren Räumen (Choriozönosen und Merozönosen) und Systemen von Wechselbeziehungen, bis hin zu den Geweben und Zellen. Es ist eine Frage der Praxis, wie weit man in diesem mosaikartigen Aufbau zu gehen wünscht. So läßt sich z. B. die Krautschicht in eine Stengel und eine Blattregion gliedern, die ihrerseits in Blattinnenräume, Blattober- und Blattunterseiten eingeteilt werden kann.

Liegt ein Stein auf der Wiese, so können ökologisch seine Ober- und Unterseite, sowie seine Seitenränder berücksichtigt werden. Ein totes Tier oder eine tote Pflanze stellen ihrerseits wiederum Mikrobiotope dar, welche zeitlich begrenzte Organismengesellschaften in sich vereinen.
(Zur Definition dieser Sachverhalte s. Schwertfeger F. 1963).

Eine Mähwiese ist ein stabiler Lebensraum, der sich über längere Zeiträume hinweg kaum wandelt. Seine Dynamik wird durch die Mahd gesteuert, die mit dem durch sie bedingten Wechsel, das eigentlich Stetige ist.
Die Schichtung dagegen ist keine dauerhafte. Sie entfaltet sich mit dem Wachstum, bricht mit der Mahd bis auf die bodennahe Schicht und den Boden selbst zusammen und baut sich erneut auf. Tiere, die an eine bestimmte Schicht gebunden sind, sind auch deren Veränderungen unterworfen. Ohne Schichtbindung jedoch sind sie weitgehend frei.

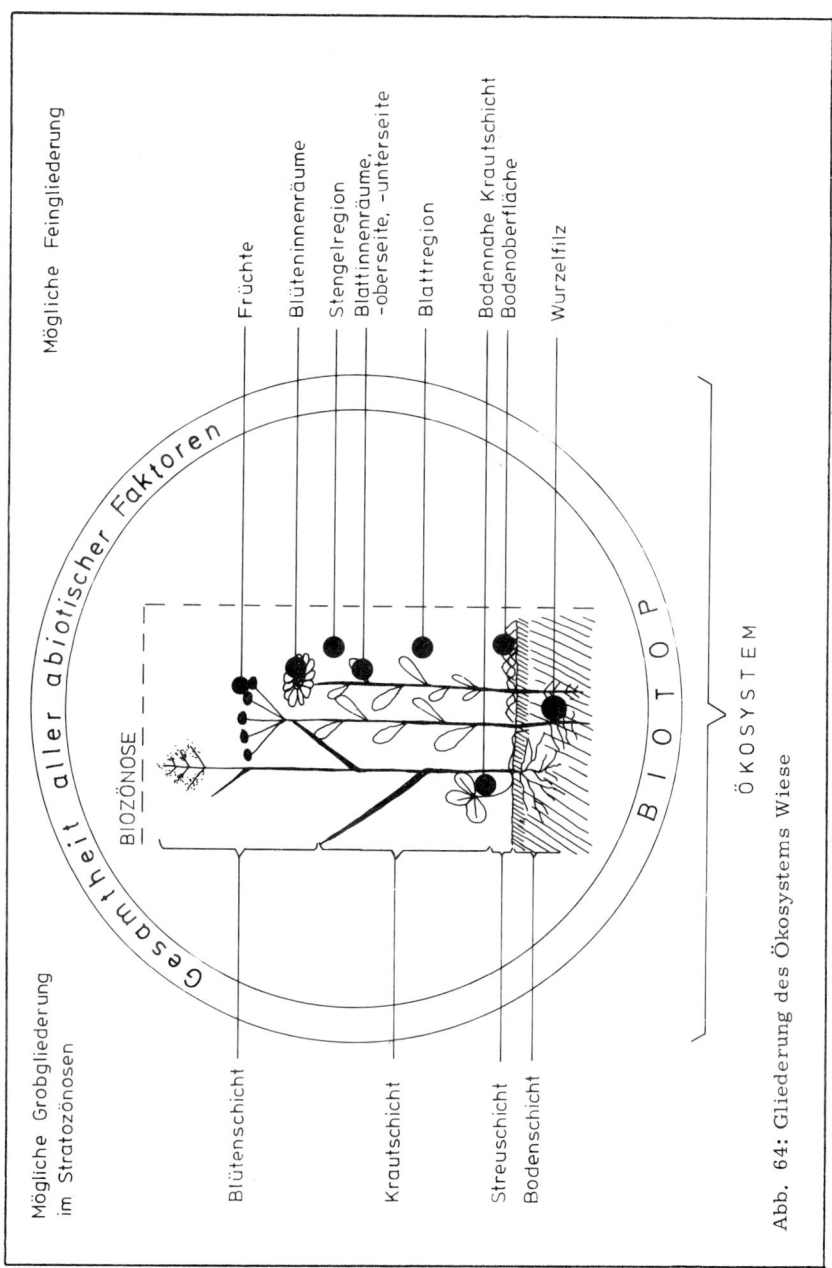

Mögliche Grobgliederung
im Stratozönosen

Mögliche Feingliederung

Gesamtheit aller abiotischer Faktoren

BIOZÖNOSE

BIOTOP

ÖKOSYSTEM

Blütenschicht

Krautschicht

Streuschicht
Bodenschicht

Früchte
Blüteninnenräume
Stengelregion
Blattinnenräume,
-oberseite, -unterseite
Blattregion

Bodennahe Krautschicht
Bodenoberfläche
Wurzelfilz

Abb. 64: Gliederung des Ökosystems Wiese

13.   LEBENSBEDINGUNGEN FÜR DIE TIERE
DER WIESE

1. Die menschlichen Tätigkeiten auf der Wiese als einer Kulturbiozönose,
wie Mahd, Walzen, Düngung, Entwässern, Säen, Steinlesen, bewirken
eine große Gleichförmigkeit des Biotops. Reliefunterschiede, Steine,
oder der Wechsel von trockeneren und feuchteren Stellen werden beseitigt
und mit ihnen die Möglichkeiten für Choriozönosen, wie sie anderswo
(Wallhecken, Waldränder, Uferböschungen, Wegränder) oft so zahlreich
möglich sind. Horstbildung und Bultbildung von Pflanzen werden verhindert, wie auch das Auftreten von mehrjährigen Sträuchern oder gar von
Bäumen. Selbst Geilstellen und Dungflecke wie sie auf Viehweiden auftreten, fehlen den Wiesen meistens.

2. Da es in der niederen Vegetationsschicht wenig Deckung gibt, haben
Wind und Regen nahezu freien Zutritt. Dadurch werden die Aktivitäten der
Tiere eingeschränkt. Bei starkem Wind erscheint eine Wiese von Tieren
wie ausgestorben.

3. Der geringe Licht- und Verdunstungsschutz am Tage bewirkt eine deutliche Scheidung zwischen tag- und nachtaktiven Tieren, oder m.a. Worten solchen Tieren die unempfindlich sind gegenüber Licht und Trockenheit und den anderen, die empfindlich darauf reagieren.

4. Der Jahreszeitenrhythmus wird durch die Mahd noch verstärkt.

5. Die Streuschicht ist schwach ausgebildet, da das zu ihrer Entstehung
nötige Pflanzenmaterial größtenteils als Heu fortgeschafft wird. Tiere,
welche auf lockere, deckungsreiche tote Pflanzenmassen angewiesen sind,
können sich deshalb nur schwach entfalten.

6. Der Schnitt trifft die meisten Pflanzen vor Abschluß ihres Lebens-
zyklus. Dadurch werden Tiere ausgeschaltet, die in reifen Blütenköpfen
und Samen leben, oder auf diese als Nahrung angewiesen sind. So sind
manche Insekten an Wegrändern und Feldrändern, wo ihre Wirtspflanzen
stehen bleiben häufig, während sie die anschließende Wiese mit fast
gleichem Bewuchs meiden (BONESS 1953). Auch für Überwinterer, die
oberirdische Pflanzenteile (Fruchtstände, Stengel) brauchen, kommt die
Wiese nicht in Frage. Für Parasiten, Gallenbildner, Einmieter ist die
Wiese kein Daueraufenthalt. Auch nicht für Spinnen, welche eine hohe Vegetation zum Spannen ihrer Netze benötigen. Sobald z.B. der 2. und 3.
Schnitt unterbleibt, findet man alle diese Tiergruppen in reicheren Beständen als in 2-3 schürigen Wiesen.

7. Nun finden aber auch viele Tiere günstige Lebensbedingungen in der
Wiese. Zu solchen Tieren gehören alle jene, denen frische wachsende
Pflanzen, vor allem Gräser zur Nahrung dienen. Gerade für sie ist die
Mahd mit ihren nachfolgenden regenerierenden Frischbeständen ein posi-
tiver Eingriff, der ihnen mehr Nahrung zukommen läßt, als dies bei unge-

hindertem Älterwerden und Verholzen der Pflanzen der Fall wäre. Hauptnutznießer davon sind vor allem die Stengelminierer.

8. Die tierische Besiedlung gemähter Flächen unterscheidet sich vom ungemähten Zustand durch die Abwanderung vieler Gruppen und das Hervortreten von Arten, die sich mehr in Bodennähe aufhalten.
Vor allem sind die Besucher verschwunden, die nur durch Blüten in die Wiese gelockt werden und mit ihnen die meisten biotopeigenen Blumengäste, wie Tagfalter, Schwebfliegen, Tanzfliegen, Blumenfliegen, Hummeln und Wanzen. Dafür treten schlagartig die Zikaden nach dem 1. Schnitt hervor, die bis dahin ein verborgenes Dasein an den bodennahen Pflanzenteilen führten und von denen viele sich gerade in der Mahdzeit zu Imagines entwickeln. Diese Erscheinung wiederholt sich beim 2. Schnitt in etwas geringerem Umfang, weil dann die Pflanzendecke lockerer und niedriger zu sein pflegt und die Zahl der voll entwickelten Individuen ihren Höhepunkt erreicht hat (Boness 1953).
Wenn nach der 2. Mahd eine Zunahme von Schwingfliegen, Dungfliegen, Feldheuschrecken und Lonchopteriden festgestellt wird, ist dies nur vorgetäuscht durch die Beseitigung von Deckung gewährenden Pflanzen.

9. Durch die Mahd werden viele geflügelte Insekten zur Flugtätigkeit veranlaßt. Wenn ein Wind geht, werden vor allem kleinere Formen von der schutzlosen Fläche weithin verweht.

10. Die Veränderung des Mikroklimas nach der Mahd spielt für viele verbleibende Tiere eine entscheidende Rolle:
- der Windschutz ist verringert
- die wasserdampfgesättigte Luft kann weggeweht werden
- zunehmende Austrocknung der bodennahen Schicht
- Absinken der relativen Luftfeuchtigkeit
- nachts herrscht Taufall
- insgesamt größere Temperaturschwankungen zwischen Tag und Nacht, als in ungemähtem Aufwuchs

11. Bleibt nach der Mahd ein Heuhaufen liegen, können sich dort Choriozönosen mit ihrem Eigenleben entwickeln.
Auf der Oberfläche von Heuhaufen steigt die Temperatur bei Einstrahlung weit über die der Umgebung, die relative Feuchtigkeit sinkt dabei stark ab. Hier stellen sich dann thermophile Insekten zum Sonnen ein (Feldheuschrecken, Tanzfliegen, Schwebfliegen, Libellen, Tagfalter). Auf gemähter Fläche haben thermophile Tiere überhaupt viel mehr Möglichkeiten sich der Sonne auszusetzen, als in der vertikal orientierten Krautschicht einer ungemähten Wiese.
In die tieferen Lagen der Heuhaufen dringen Austrocknung und Erwärmung anfangs nur sehr langsam vor. Dies erlaubt dann hygrophilen und nächtlichen Tieren die kritische Phase bis zum Heranwachsen schutzbietender Pflanzenmassen zu überstehen (Schnellkäfer, Laufkäfer, Kurzflügler, Aaskäfer und ihre Larven).

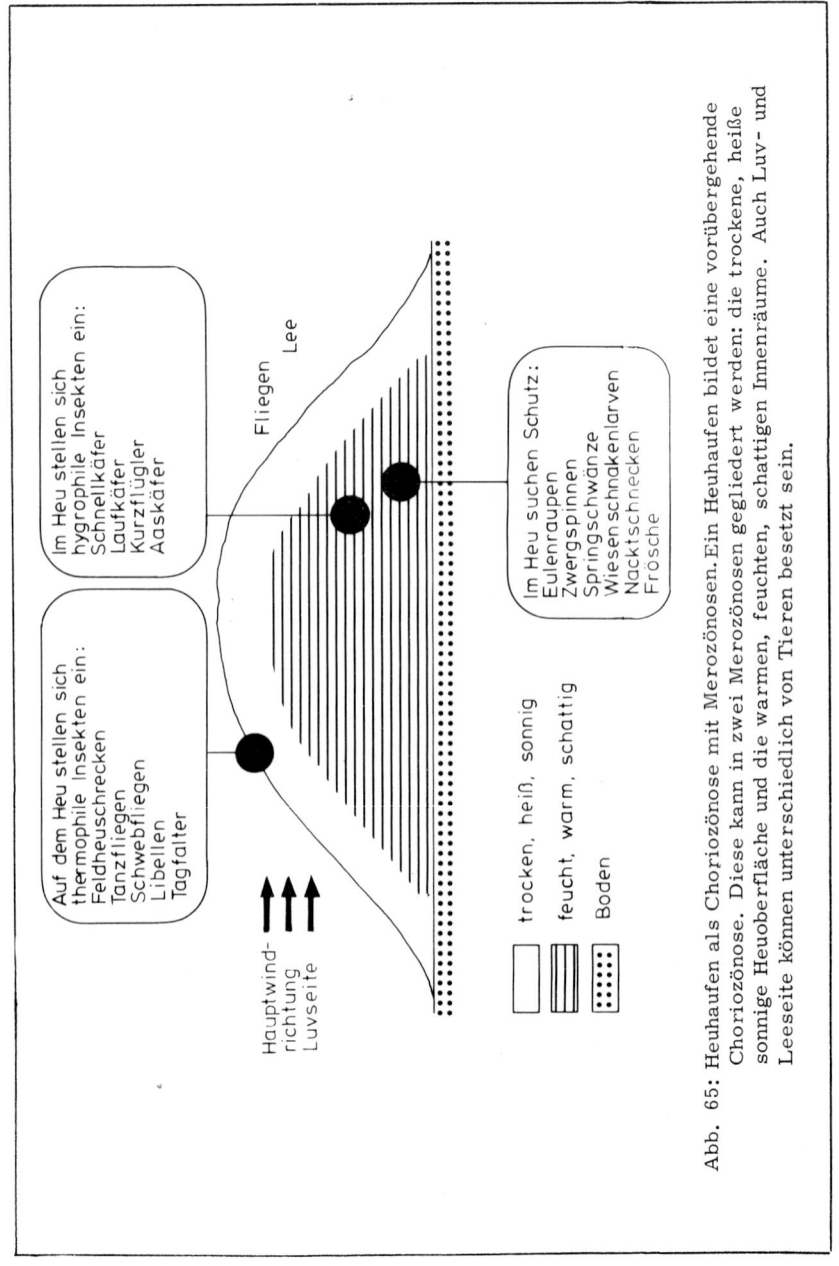

Im Heu stellen sich
hygrophile Insekten ein:
Schnellkäfer
Laufkäfer
Kurzflügler
Aaskäfer

Auf dem Heu stellen sich
thermophile Insekten ein:
Feldheuschrecken
Tanzfliegen
Schwebfliegen
Libellen
Tagfalter

Im Heu suchen Schutz:
Eulenraupen
Zwergspinnen
Springschwänze
Wiesenschnakenlarven
Nacktschnecken
Frösche

Fliegen

Lee

Hauptwind-
richtung
Luvseite

trocken, heiß, sonnig

feucht, warm, schattig

Boden

Abb. 65: Heuhaufen als Choriozönose mit Merozönosen. Ein Heuhaufen bildet eine vorübergehende
Choriozönose. Diese kann in zwei Merozönosen gegliedert werden: die trockene, heiße
sonnige Heuoberfläche und die warmen, feuchten, schattigen Innenräume. Auch Luv- und
Leeseite können unterschiedlich von Tieren besetzt sein.

110

Unter halbverwelktem Heu ziehen sich auch Nacktschnecken, Eulenraupen, Zwergspinnen, Springschwänze, Wiesenschnakenlarven und Frösche zurück.

Da das Heu auch einen gewissen Schutz vor Regengüssen und vor Wind bietet, sammeln sich insbesondere Fliegen gerne auf der Leeseite von Heuhaufen an. In Heu, das bei Regenperioden längere Zeit im Freien lag, konnte Boness eine ganz charakteristische Artengemeinschaft feststellen, so unter anderem saprophage Larven von Lonchoptera furcata und schimmelfressende Käfer wie Atomaria u. a.

12. Große Verluste erleiden durch die Mahd auch die Blattläuse, deren ungeflügelte Stadien nicht in der Lage sind durch Abwanderung auf Pflanzenstümpfe ihre Entwicklung fortzusetzen, wie dies z. B. die Larven von Schaumzikaden tun.
Blattminierer und Gallinsekten sind zur Mahdzeit meist schon voll entwickelt, so daß sie vermutlich der Eingriff nicht in gleichem Maße treffen mag.

13. Die Wiederkehr ganz oder teilweise abgewanderter Insektenfamilien erfolgt großenteils durch Heranwachsen von neuen Individuen aus bodenbewohnenden Jugendstadien.

14. Eine große Zahl von Tieren wird mit dem Heu in die Silos oder Heuböden gebracht. Von den letzteren finden etliche wieder zurück in die Wiesen. Auf dem Heuboden nimmt der Anteil der Wieseninsekten rasch ab zugunsten solcher Arten, welche für den Heuboden spezifisch sind.

15. Auch auf größere Tiere wirkt sich die Mahd aus.
Insbesondere durch Mähmaschinen können beträchtliche Verluste an Junghasen und Rehkitzen auftreten, welche beide bei Herannahen eines Feindes nicht fliehen, sondern sich niederducken. Zur Vermeidung solcher Unfälle wird empfohlen, am Abend vor dem Mähen eine Stange mit Sack in die Wiese zu stellen. Die Ricke holt dann wie immer ihr Kitz ab, kommt aber nicht mehr zurück. Nach der Mahd wird die Stange sofort wieder entfernt.
Zu früher Schnitt kann vor allem die Brut von Rebhühnern und Fasanen treffen.
Das Verschwinden des Wachtelkönigs (Crex crex) in weiten Gebieten intensiver Grünlandwirtschaft dürfte auf die, im Hinblick auf die Mahd verhältnismäßig späte Brut zurückzuführen sein. Die meisten Wiesenvögel haben allerdings ihre Brut bereits vor der ersten Mahd beendet. Limicolen haben dann mit ihren flügge gewordenen Jungen die Wiese schon wieder verlassen. Singvögel, wie Feldlerche (Alauda arvensis), Wiesenpiper (Anthus pratensis), Schafstelze (Motacilla flava), Braunkehlchen (Saxicola) bleiben länger da. Ihrer 2. Brut wird vor allem eine zu frühe 2. Mahd gefährlich.

Neben den Wiesenbrütern gibt es Vögel, welche die Wiese nur vorübergehend als Nahrungsraum aufsuchen. Zu ihnen gehören Stare (Sturnus), Ringeltaube (Columba palumbus) und Krähen (Corvus), die alle bevorzugt unmittelbar nach der Mahd einfliegen. Schwalben folgen oft den Mähmaschinen um die aufgescheuchten Insekten zu jagen.
Daß auch Kleinsäuger durch die Mahd betroffen werden, zeigten Untersuchungen in der UDSSR, wonach Schermäuse (Arvicola terrestris) auf gemähten Sumpfwiesen abnahmen, weil ihnen die Deckung vor den Greifvögeln genommen war, ferner weil sich ihre mikroklimatischen Lebensbedingungen verschlechterten und ihre Gänge öfter überschwemmt wurden.

14.   FAUNENZUSAMMENSETZUNG IN DER WIESE

14.1.   ALLGEMEINE ÜBERSICHT

Bislang existieren nur einige wenige Untersuchungen über die Faunenzusammensetzung von Wiesen (Franz 1950 und Boness 1953). Da die Untersuchungen in verschiedenen Gegenden, zu unterschiedlichen Zeiten und mit verschiedenen Schwerpunkten durchgeführt wurden, differieren sie entsprechend.

Beispiel 1. (n. Franz 1950 zitiert bei Ellenberg 1952)

Der Schwerpunkt der Untersuchung lag in der bodennahen Schicht bis in 3 cm Tiefe. Es handelte sich um Wiesen bei Admont in Österreich. Gemeinsam war allen Untersuchungsgebieten der Reichtum an Fadenwürmern und Milben. Auch Käfer kamen überall in ähnlichen Mengen vor.
Starke Differenzen ergaben sich bei Rädertieren, Bärentierchen, Regenwürmern, Schnecken, Käfer- und Fliegenlarven.
Problematisch sind die Vergleiche insofern, als sich eigentlich nur Zählungen zum gleichen Zeitpunkt an verschiedenen Orten, oder Zählungen zu verschiedenen Zeiten am gleichen Ort, vergleichen lassen. So nahmen z.B. die Fadenwürmer in einer Probefläche folgendermaßen zu:

2.	April	1940:	500 000	Fadenwürmer
16.	August	1940:	1.560 000	Fadenwürmer
4.	November	40:	3.110 000	Fadenwürmer

Allem Anschein nach verbesserten sich ihre Lebensbedingungen im Laufe des Jahres. Ähnliches wurde für Milben und Fliegenlarven festgestellt.

Auszählungen einiger Tiergruppen in Wiesenböden
(n. Franz zit. bei Ellenberg 1952)

Pflanzenbestand:	gedüngte	Mähwiesen	Borstgras-Magerwiesen	
Standort:	auf	auf	Nordlage	Südlage
	Schwemm- sand	Moorbo- den	71ᴸ m	1.16ᴸ m
Nr.:	I	II	III	IV
Datum:	16. VIII.194ᴸ	16. VII. 194ᴸ	26. VII. 194ᴸ	11. VII 194ᴸ
Fadenwürmer	1 56ᴸ ᴸᴸᴸ	1 8ᴸᴸ ᴸᴸᴸ	6ᴸᴸ ᴸᴸᴸ	5ᴸᴸ ᴸᴸᴸ
Rädertierchen	14ᴸ ᴸᴸᴸ	-	-	-
Bärtierchen	-	19ᴸ ᴸᴸᴸ	-	3ᴸ ᴸᴸᴸ
Borstenwürmer	1 4ᴸᴸ	zahlreich	spärlich	spärlich
Regenwürmer	16	2ᴸᴸ	24	-
Schnecken	88ᴸ	748	-	12
Tausendfüßler	56	12	32	48
Milben	8 92ᴸ	9 456	3 568	4 264
Ameisen	1 280	152	24	4ᴸ
Käfer	168	3ᴸᴸ	1ᴸ4	18ᴸ
Käferlarven	72	96	-	16
Fliegenlarven	192	56	-	8

Beispiel 2. (n. Boness 1953)

Die Untersuchungsgebiete von BONESS lagen in Nordwestdeutschland, in
den Marschen der Nordseeküste, in der Umgebung der Binnenseen an der
Hohwachter Bucht (Ostsee), ferner Wiesen bei Bonn am Rhein und bei
Kiel, sowie an der Weser. Er mußte auf die Erfassung der Bodenfauna
verzichten. Der Schwerpunkt lag daher bei Kätscherfängen in der Krautschicht und Fallenfängen in den bodennahen Schichten. Trotz umfangrei-
chen Fangmaterials von etwa 1 9ᴸᴸ Arten (von denen 85 % biotopeigen
waren), betont er, daß eine Genauigkeit in Wirklichkeit nicht zu erreichen
ist. Allein im Monat Juni wurden in allen Untersuchungsgebieten zusammen 1 ᴸ5ᴸ Arten erbeutet. In einigen anderen Monaten ergab eine Wiese
allein 57ᴸ, eine andere 3ᴸᴸ Arten, wobei die Analysen noch nicht er-
schöpfend waren.
Nachdem unsere Wiesen Kulturland sind, stellt sich die Frage, aus welchen Biotopen die Fauna stammt. Nach Boness. der hauptsächlich die
Feuchtwiesen untersuchte ergaben sich die stärksten Faunenverwandt-
schaften in der Artenzahl sowie in der Artenzusammensetzung mit den
Ufergesellschaften und Flachmooren und zwar sowohl was die Streu-, wie
die Krautschicht betrifft. Auch mit Ruderalstellen hat die Feuchtwiesen-
fauna einiges gemeinsam, dagegen nichts mit Hochmooren, Trockenrasen
und anderen xerothermen Biotopen. Trockene Glatthaferwiesen zeigten
jedoch auch zu diesen Biotopen Übergänge.

113

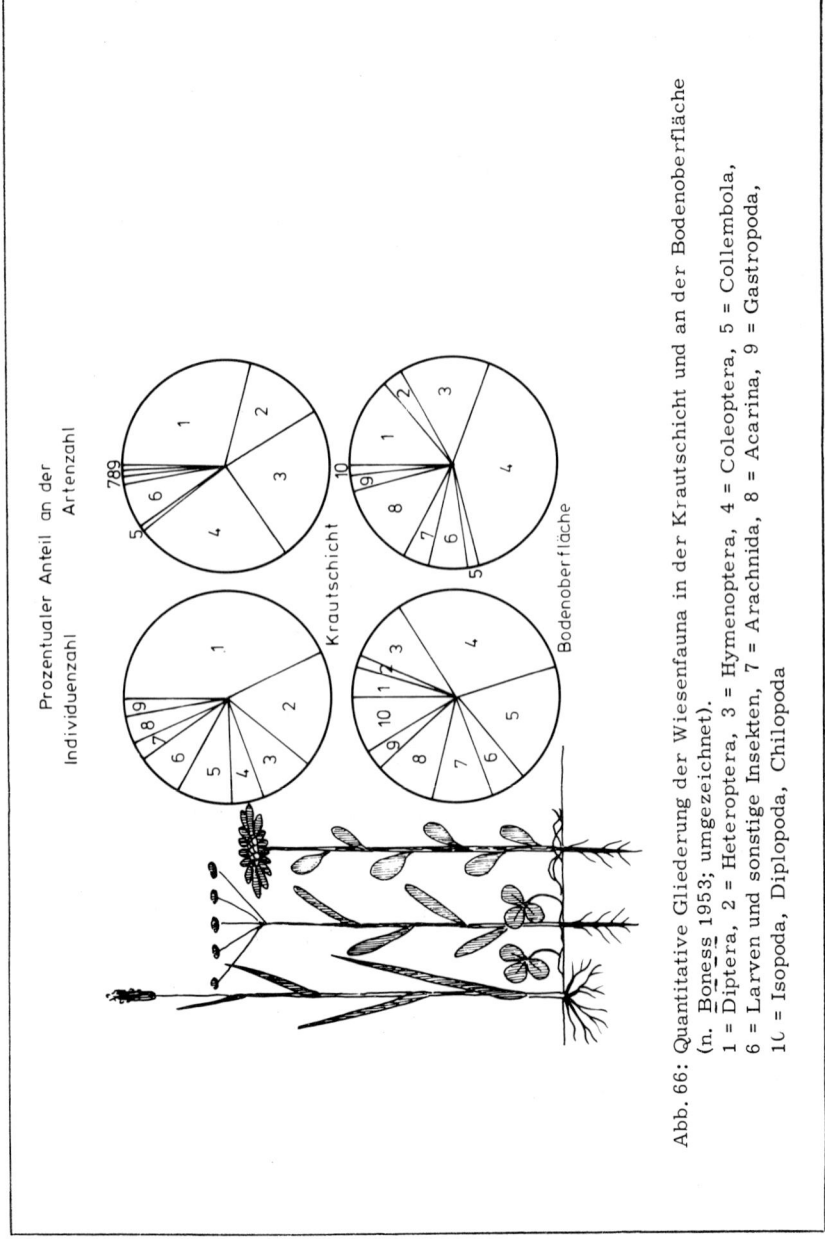

Abb. 66: Quantitative Gliederung der Wiesenfauna in der Krautschicht und an der Bodenoberfläche (n. Boness 1953; umgezeichnet).
1 = Diptera, 2 = Heteroptera, 3 = Hymenoptera, 4 = Coleoptera, 5 = Collembola, 6 = Larven und sonstige Insekten, 7 = Arachnida, 8 = Acarina, 9 = Gastropoda, 10 = Isopoda, Diplopoda, Chilopoda

14. 2.   GLIEDERUNG DER WIESENFAUNA

Eine quantitative Gliederung der Wiesenfauna wurde von Boness durchgeführt. Seine Zahlen sind der Abb. 66 zugrunde gelegt.

Diese Gliederung ergibt deutliche Unterschiede nach Boden- und Krautschicht. Am Boden wurden in Fanggläsern 19 320 Tiere und in der Krautschicht mit Kätschern 33 780 Tiere gefangen.

Klar sichtbar ist das Überwiegen von Dipteren (Fliegen) in der Krautschicht und das sowohl was die Individuenzahl, wie auch die Artenzahl angeht. Dafür dominieren an der Bodenoberfläche die Käfer. In der Krautschicht finden sich zwar ebenfalls viele Arten von Käfern, aber in geringerer Individuenzahl.

Wanzen (Heteroptera) treten vornehmlich in der Krautschicht auf. Bei den Hautflüglern (Hymenoptera) fällt vor allem der Artenreichtum in beiden Schichten auf. Spinnen (Arachnida) kommen zwar nur in wenigen Arten, aber in großer Individuenzahl in Bodennähe vor. Milben (Acarina) entfalten am Boden ebenfalls eine große Artenmannigfaltigkeit. Isopoda, Diplopoda und Chilopoda sind schließlich in wenigen Arten, aber großer Individuenzahl ganz auf die Bodenoberfläche beschränkt.

Während in der Krautschicht Tiere mit Flugvermögen überwiegen, sind es in den tieferen Regionen vor allem die Lauftiere und Kletterer unter ihnen, was nicht weiter verwundert.

BONESS betont, daß die bestimmenden Standortsfaktoren für die Tiere der Krautschicht weniger die Klimafaktoren, als vielmehr die vorhandenen Wirtspflanzen sind, nach folgendem Zusammenhang:

Das Klima bedingt die Wirtspflanzen, die Wirtspflanzen bedingen die Phytophagen.

Die Bindung von Insekten an abiotische Faktoren kann demnach vorgetäuscht sein, nachdem ihre Wirtspflanzen ein bestimmtes Klima voraussetzen und nicht sie selbst.

Auch Parasiten und Räuber der Krautschicht sind dort mehr durch Wirte bedingt, als durch abiotische Faktoren. Insofern eignen sich diese Tiergruppen kaum als Indikatoren für physiographische Standortsbedingungen.

Auf dem Boden und in seinem Innern ist allerdings der beherrschende Faktor die Feuchtigkeit. Die Saprophagen der Streuschicht sind zwar recht indifferent, wogegen die polyphagen Räuber vikariierende Arten erkennen lassen.

Insgesamt läßt sich sagen, daß die Zusammensetzung der Wiesenfauna auch in großklimatisch verschiedenen Gebieten (z. B. Schlesien im Vergleich mit Nordwestdeutschland) keine wesentlichen Veränderungen des Charakters der Gesellschaft zeigt. Dies berechtigt von einer Tierwelt der Wiese zu sprechen und die Wiese als Biozönose anderen Lebensgemeinschaften gegenüber zu stellen.

115

Boness gibt eine Aufstellung der Artenzahlen aller seiner Fänge an:
Dabei entfielen von 1940 festgestellten Arten auf:

Fliegen (Dipteren)	500 Arten
Käfer (Coleoptera)	490
Hautflügler (Hymenoptera	403
Wanzen (Heteroptera)	219
Schmetterlinge (Lepidoptera)	60
Springschwänze (Collembola)	20
Spinnen (Arachnida)	43
Milben (Acarina)	80
Asseln, Chilopoda, Diplopoda	15
Schnecken (Gastropoda)	33
Wirbeltiere (Vertebrata)	42

Abb. 67: Qualitative Darstellung zur Gliederung der Wiesenfauna.

I. Mikroorganismen: 1 Bakterien, 2 Algen, 3 Pilze, 4 Älchen,
5 Bodenrädertierchen

II. Tiere im Boden: 6 Maulwurf, 7 Feldmaus, 8 Grille,
9 Tausendfüßler, 10 Regenwurm.

III. Tiere in Boden und Streuschicht: 11 Milben, 12 Springschwänze, 13 Asseln,
14 Ameisen, 15 Laufkäfer

IV. Tiere der Krautschicht: 16 Marienkäfer u. Larve,
17 Blattläuse, 18 Heuschrecke

V. Tiere der Blütenschicht: 19 Hautflügler (Hummeln, Bienen),
20 Wanzen, 21 Fliegen,
22 Schmetterlinge, 23 Schwebfliegen

(Die Größenverhältnisse stimmen nicht überein.)

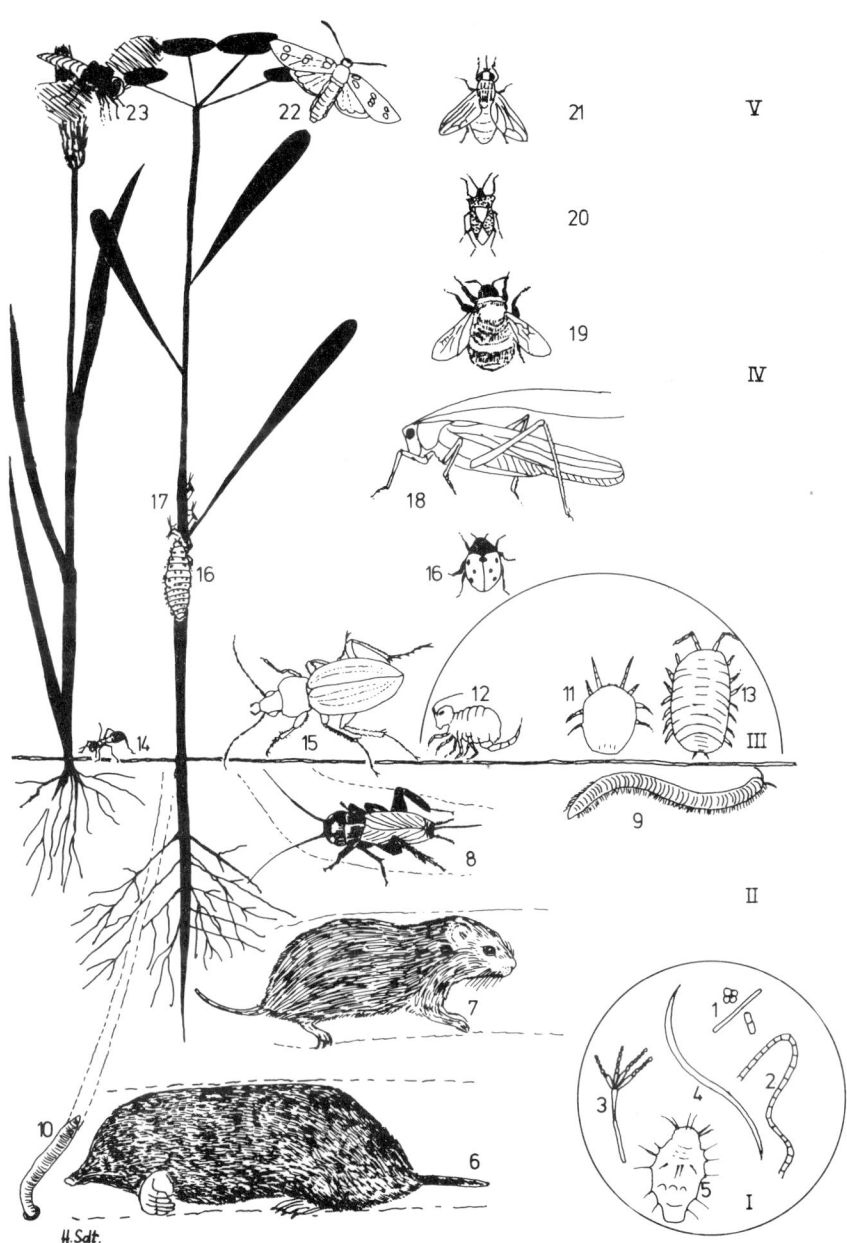

23 22 21 V

20

19 IV

18

17 16 16

12 11 13 III

15

9

8 II

14

7

10 6

H.Sdt.

3 1 2

4

5 I

15.   ZEITLICHES GESCHEHEN IN DER WIESE

15. 1.   TAGESRHYTHMIK DER TIERE

Die Tagesrhythmik der Tiere auf einer Wiese wird von den Jahreszeiten
und dem Wetter modifiziert. Boness gibt einen ungefähren Überblick über
die Verteilung der Aktivitätszeiten für einen ruhigen warmen Sonnentag
mit starker nächtlicher Ausstrahlung. In der Abb. 68 ist diese zeitliche
Gruppierung in großen Zügen wiedergegeben, wobei auf exaktere Zeitgebung verzichtet werden mußte.

Immerhin zeigt die Abbildung, daß Hummeln und Fliegen zu den Frühauf-
stehern gehören, während der große Teil der übrigen Insekten später
folgt. Das Aktivitätsoptimum ist in den frühen Nachmittagsstunden zu erkennen und dauert günstigenfalls fast bis zur Dämmerung. Wenn diese
einsetzt, kommen die Mücken (Tipuliden, Cecidomyiiden, Culiciden,
Chironomiden, Rhypiden) und Schmetterlinge (Crambus, Mikrolepidopte-
ren, Geometriden, Noctuiden). Nur einige größere Falter sind noch in die
Nacht hinein aktiv. Streubewohner und besonders deren Larven bevorzugen die Nacht. Austrocknungsempfindliche Tiere steigen während der
Nacht in die Vegetation auf (Schnecken, Springschwänze und verschiedene
Larven) und ziehen sich erst nach Sonnenaufgang zum Boden zurück.
Gelegentlich treten aus umliegendem Gebüsch und Wald Rehe, Hasen und
Fasane in der Dämmerung zur Äsung heraus.

15. 2.   VERGLEICH DER PFLANZEN- UND TIERMASSEN IM
JAHRESABLAUF (Abb. 69, S. 120)

Während das Pflanzenwachstum schon relativ früh einsetzen kann, treten
die Tiere im Vorfrühling mangels blühender Pflanzen und ausreichender
Wärme erst wesentlich später in Erscheinung und dann auch nur in sehr
geringer Individuenzahl. Erst mit dem Erblühen der Frühlingsblüten
nimmt auch die Masse an Tieren zu, erreicht aber im Laufe des 1. Hochstandes noch nicht den absoluten Höhepunkt. Infolge der Mahd werden
viele Tiere mit dem Heu entfernt oder vom Winde fortgetragen. Gerade
letztere können sich später wieder einfinden. Trotz dieser Verluste strebt
die Faunenmasse im 2. Hochstand ihrem Höhepunkt entgegen, während
die Flora nicht noch einmal dieselbe Masse wie im 1. Hochstand erreicht. Die 2. Mahd verringert die Fauna nicht so stark wie die erste
(Zikaden und Acrididen wandern nicht ab). Trotzdem bedeutet der 2.
Schnitt für viele Gruppen das ungefähre Ende ihres Auftretens. Im nachwachsenden Gras haben noch pflanzenbewohnende Spinnen und einige
Saprophagen ihr Maximum. Im Oktober sinkt jedoch die Siedlungsdichte
stark ab. Zikaden, Orthopteren u. Apioninen werden erst bei Einbruch
des Winters in ihre Schlafwinkel getrieben, oder sterben ab.
Die Tiere der Streuschicht ziehen sich in den Boden zurück oder suchen
Deckung in Nachbarbiotopen (Hecken, Wälder).

118

Abb. 68: Tagesrhythmik von Tieren in der Wiese

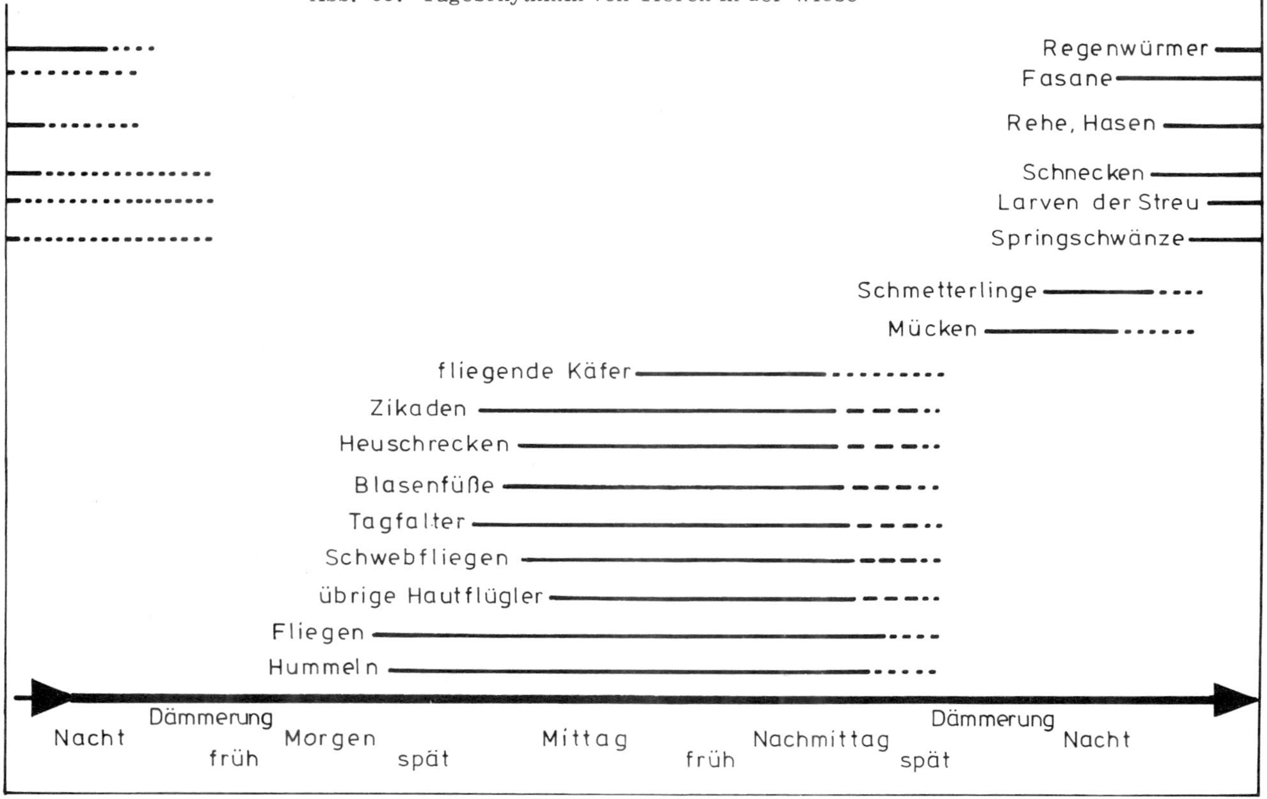

Regenwürmer
Fasane
Rehe, Hasen
Schnecken
Larven der Streu
Springschwänze

Schmetterlinge
Mücken

fliegende Käfer
Zikaden
Heuschrecken
Blasenfüße
Tagfalter
Schwebfliegen
übrige Hautflügler
Fliegen
Hummeln

Nacht   Dämmerung   Morgen   Mittag   Nachmittag   Dämmerung   Nacht
         früh   spät   früh   spät

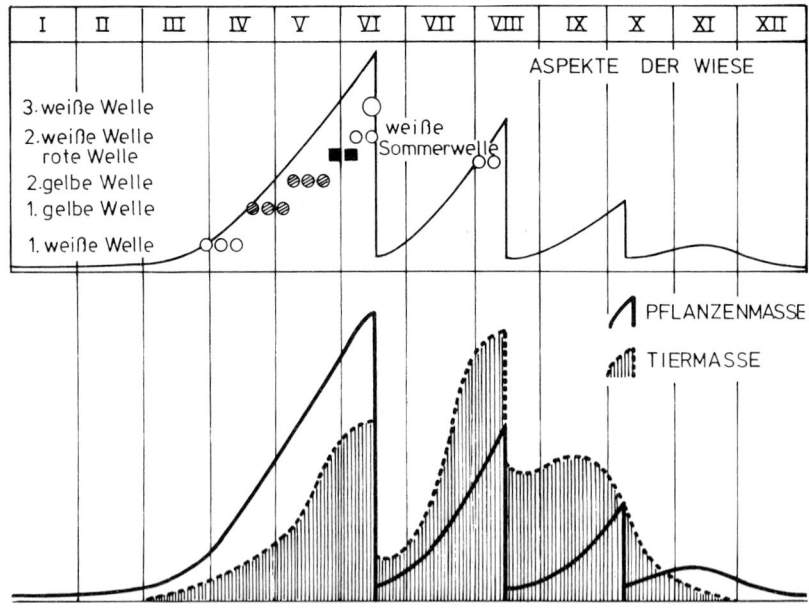

I	II	III	IV	V	VI	VII	VIII	IX	X	XI	XII

ASPEKTE DER WIESE

3.weiße Welle
2.weiße Welle
rote Welle
2.gelbe Welle
1.gelbe Welle
1.weiße Welle

weiße
Sommerwelle

⋏ PFLANZENMASSE

▟▒ TIERMASSE

Abb. 69: Vergleich der Pflanzen- und Tiermassen im Jahresablauf

15. 3. ASPEKTFOLGE VON FLORA UND FAUNA ZUSAMMEN

Für mesophile feuchte Wiesen kann die von Boness 1953 zusammenge-
stellte Aspektfolge verallgemert werden (Tabelle). Es gibt nicht viele
Biozönosen, welche einen derart auffälligen Jahresrhythmus in ihrer
Physiognomie aufweisen wie eine Mähwiese. Floristische und faunistische
Aspekte laufen vielfach parallel, so z. B. das Auftreten von Blütenaspek-
ten mit dem gewisser Blütenbesucher. Die durch die Mahd verursachte
Änderung in der Artenzusammensetzung der Flora ist für die Wiesen-
tiere nicht so wichtig, da etwa einander ersetzende Gräser für sie weitgehend gleichwertig sind.

Aspektfolge der Wiese (n. Angaben v. Boness 1953 zusammengestellt)

Flora   Fauna

Vorfrühling	Jugendstadien von Zikaden, Spinnen, Staphyliniden, Blattkäfer, Rüsselkäfer (Apion), welche als Larven oder Puppen überwintert haben.
1. Weisse Welle Gänseblümchen Schlüsselblume	Erste Schwebfliegen, Blumenfliegen, Glanzkäfer (Meligethes), Blattwespen (Dolerus), parasitische Hymenopteren, phytophage Collembolen, Minierfliegen, die ersten Zikadenimagines, Gnitzen, Zuckmücken aus den Wassergräben.
1. Gelbe Welle Löwenzahnblüte Dotterblume	Kotfliegen, Hummeln, Blasenfüße kommen hinzu; frühere Arten treten in zunehmender Menge auf.
Schwachviolette Welle Wiesenschaumkraut Kleiner Baldrian Wiesenklee	Zunahme der vorhandenen Arten in der Individuenzahl
2. Gelbe Welle Scharfer Hahnenfuß Rote Welle Lichtnelke Sauerampfer Wiesenklee	Verstärktes Auftreten von Honigbienen, Gipfel für Apion u. übrige Rüsselkäfer, Maximum für Thripse, Blattkäfer (Halticinen), Haarmücken (Bibioniden), Gallmücken (Cecidimyiiden). Verstärktes Auftreten der Grasminierer. Oft starke Vermehrung der Blattläuse und Massenschlüpfen von Fliegen aus der Erde.
2. Weisse Welle Löwenzahnfruchtstände	Ohne tierisches Äquivalent
3. Weisse Welle Vollblüte der Umbelliferen	Wanzen, Schlupfwespen, Zehrwespen, Schwebfliegen und Fliegen aller Familien in großer Artenzahl.

Fauna	Flora
	I. Mahd
Erholungsphase Gänseblümchen Scharfer Hahnen- fuß, Kriechender Klee	Wenig formenreiche Aspekte. Zweiflügler bodenna- her Schichten dominieren. Zikadenimagines! Bei neuem Nachwachsen der Vegetation erreichen die Grasminierer (Fritfliegen u. a.) ihr Maximum.
Weisse Sommer- welle Bärenklau, Brust- wurz, Möhre, Distelarten Schafgarbe, Wiesenknopf, Schmetterlingsbl.	Massenentfaltung der Insekten, insbes. Zikaden, u. Geradflügler. Tagfalter, Bohrfliegen (Rivellia) und Blattkäfer (Cryptocephalus, Lema) kommen hinzu.
	II. Mahd
Erholungsphase Violette Phase Herbstzeitlose	Der Aspekt wird nicht ganz so stark verändert, wie bei der 1. Mahd, da Zikaden und Feldheuschrecken nicht abwandern. Für Schwebfliegen, Tanz-u. Langbeinfliegen kommt langsam das Ende. In der nachwachsenden Vegetation treten noch minie- rende Fliegen auf. Jahresmaximum für pflanzenbe- wohnende Spinnen. Schwerpunkt für einige Saropha- gen (Wiesenfliegen). Absinken der Siedlungsdichte.

15.4. EINPASSUNG VON INSEKTEN IN DEN MAHDRHYTHMUS (Abb. 70)

Ähnlich wie bei den geschilderten Pflanzen können auch bei Insekten alle
möglichen Einpassungen in den Mahdrhythmus verfolgt werden.
Da gibt es solche, die in jedem Hochstand ihre neue Generation entwickeln
(Fritfliege, Oscinella frit), andere, welche mehr oder weniger zufällig
mit ihrer Entwicklung gerade in einen Hochstand hineinpassen (Tipula
lunata 1. Hochstand und Tipula paludosa 3. Hochstand).

15.5. TEMPORÄRE WANDERBEWEGUNGEN VON UND ZU ANDEREN BIOTOPEN (Abb. 71 und 72)

An temporären Wanderbewegungen innerhalb des Biotops oder von und zu
anderen Biotopen können im wesentlichen folgende unterschieden werden:
1. tageszeitliche Wanderungen,
2. jahreszeitliche Wanderungen
3. Wanderungen, welche durch die Entwicklung der Tiere
bedingt werden.
Eine Reihe dieser Möglichkeiten ist in den Abbildungen dargestellt.

Abb. 70 (rechts):
Einpassung von Insek-
ten in den Mahdrhyth-
mus. (n.B̲o̲n̲e̲s̲s̲, umgezeichnet)

Abb. 71 (unten):
Wanderbewegungen von
und zu anderen Bio-
topen.

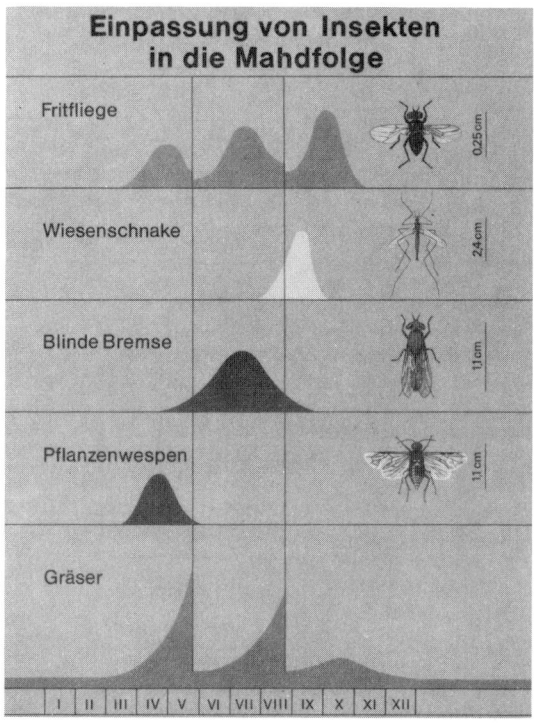

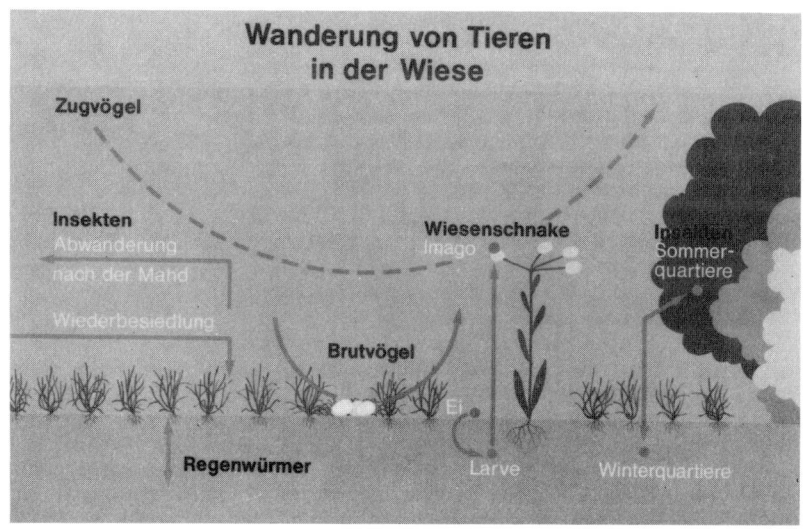

123

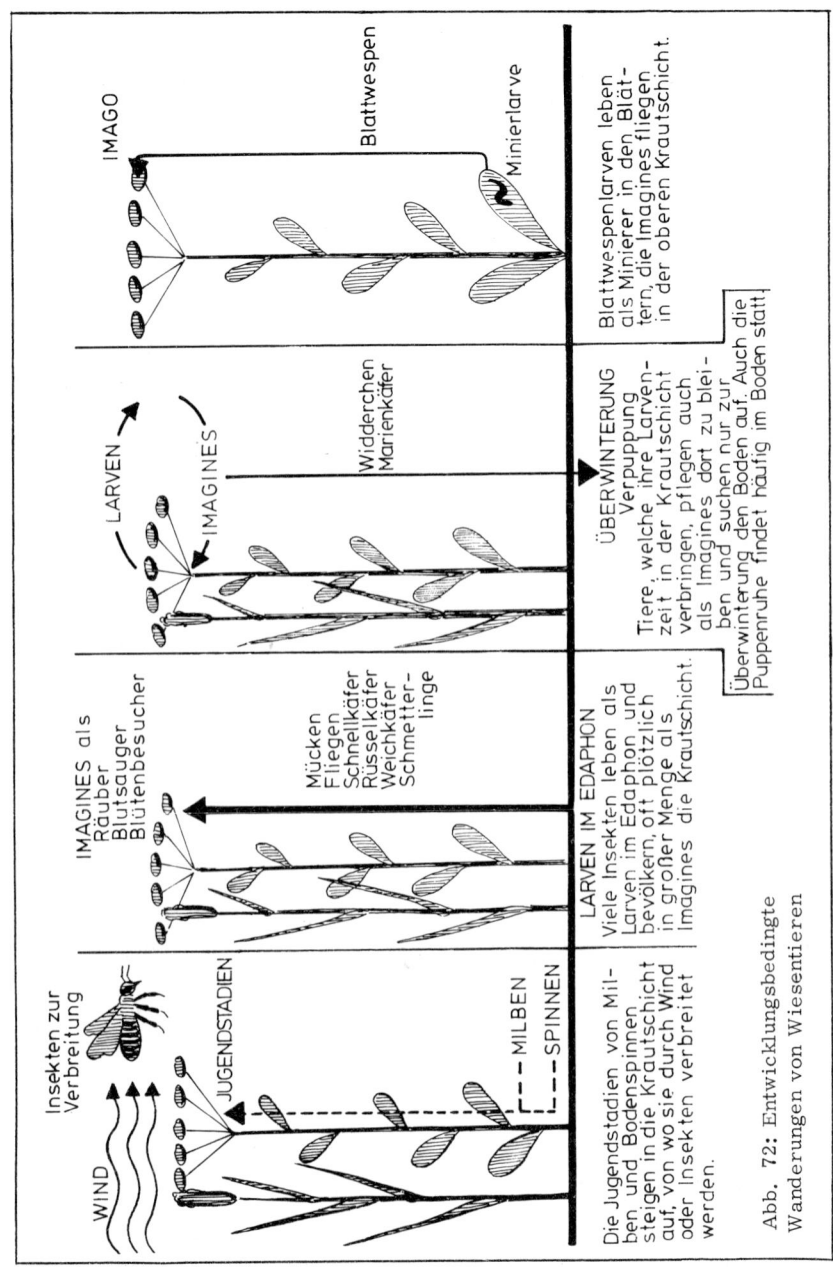

Abb. 72: Entwicklungsbedingte Wanderungen von Wiesentieren

Rehe sind verhältnismäßig ortstreu. In der Abenddämmerung wechseln sie aus dem Schutz des Waldes heraus auf nahegelegene Wiesen, wo sie als Feinschmecker die besten Gräser äsen.

Im Dickicht des Waldes verlaufen die Wildwechsel und liegen die Ablageplätze, wo die weitgehend nachtaktiv gewordenen Tiere den Tag über verbringen.

Im Mai, kurz vor der Setzzeit werden von den trächtigen Geißen Reviere gegründet und gegenüber Artgenossen durch Duftmarken abgegrenzt. Diese Markierung geschieht vor allem durch Harnen an immer derselben Stelle. Im Frühjahr haben auch die Böcke sich von den winterlichen Sprüngen gesondert und ihre Sommereinstände bezogen, die durch Harnen, Plätzen und Reiben der Stirnlocke markiert und gegen andere Böcke verteidigt werden. An den Grenzen finden die Auseinandersetzungen mit den Nachbarböcken statt. Die Markierungen, welche die Geißen nach dem Setzen der Kitze angebracht haben, werden respektiert.

Das Kitz folgt während der ersten drei Wochen seiner Mutter nur auf kurzen Strecken. Meistens ruht es im Bereich seines Abliegeplatzes, der häufig in Waldesnähe liegt. Die Geiß wacht aus sicherer Entfernung über ihr Kitz. Meistens steht sie so, daß der Wind den Geruch des Jungen zu ihr trägt. Daß Rehkitze bei Gefahr nicht fortlaufen, sondern sich ducken, ist bekannt. Dabei werden sie, wie schon erwähnt, häufig Opfer von Mähmaschinen. Ist das Kitz hungrig, dann äußert es leise Kontakttöne oder fiept wie ein Hund. Die Geiß findet es mit Hilfe ihres Geruchsinnes, da es stark nach Harn und saurer Milch duftet.

Im Spätsommer werden die Reviere aufgelöst und die Geißen schließen sich mit Jungtieren zu Sprüngen zusammen. Diese Gruppen bleiben ungefähr im Revierbereich, vermeiden es jedoch einander an derselben Tränke zu begegnen. An den Gräsern und am Boden haften die Duftspuren ihrer Leisten- und Schalendrüsen. Da sie auf ihren kurzen Wanderzügen oft dieselben Wechsel benützen, kann die führende Geiß anhand der Duftspuren feststellen, ob eine andere im Gebiet lebende Gruppe hier war und sich gerade möglicherweise auf dem Äsungsplatz befindet. Vielfach wird dann entweder auf eine andere Wiese ausgewichen, oder auch gewartet, bis der Sprung vor ihnen satt ist und die Wiese räumt. In einer freien Wiese kann es mitunter auch zur Durchmischung von Sprüngen kommen. Sie ziehen aber getrennt wieder fort.

Abb. 73 (s. Seite 126): Reviere von Rehen in einer Wiese.

Erklärung zu Abb. 73

Eine Wald- und Wiesenlandschaft, von einem Flußlauf durchzogen.

K = Abliegeplätze der Kitze; L = Liegeplatz im Wald; strichlierte Linie = Wildwechsel; punktierte und ausgezogene Linien = Reviergrenzen der Böcke bzw. Geißen, mit jeweiligen Markierungsstellen.

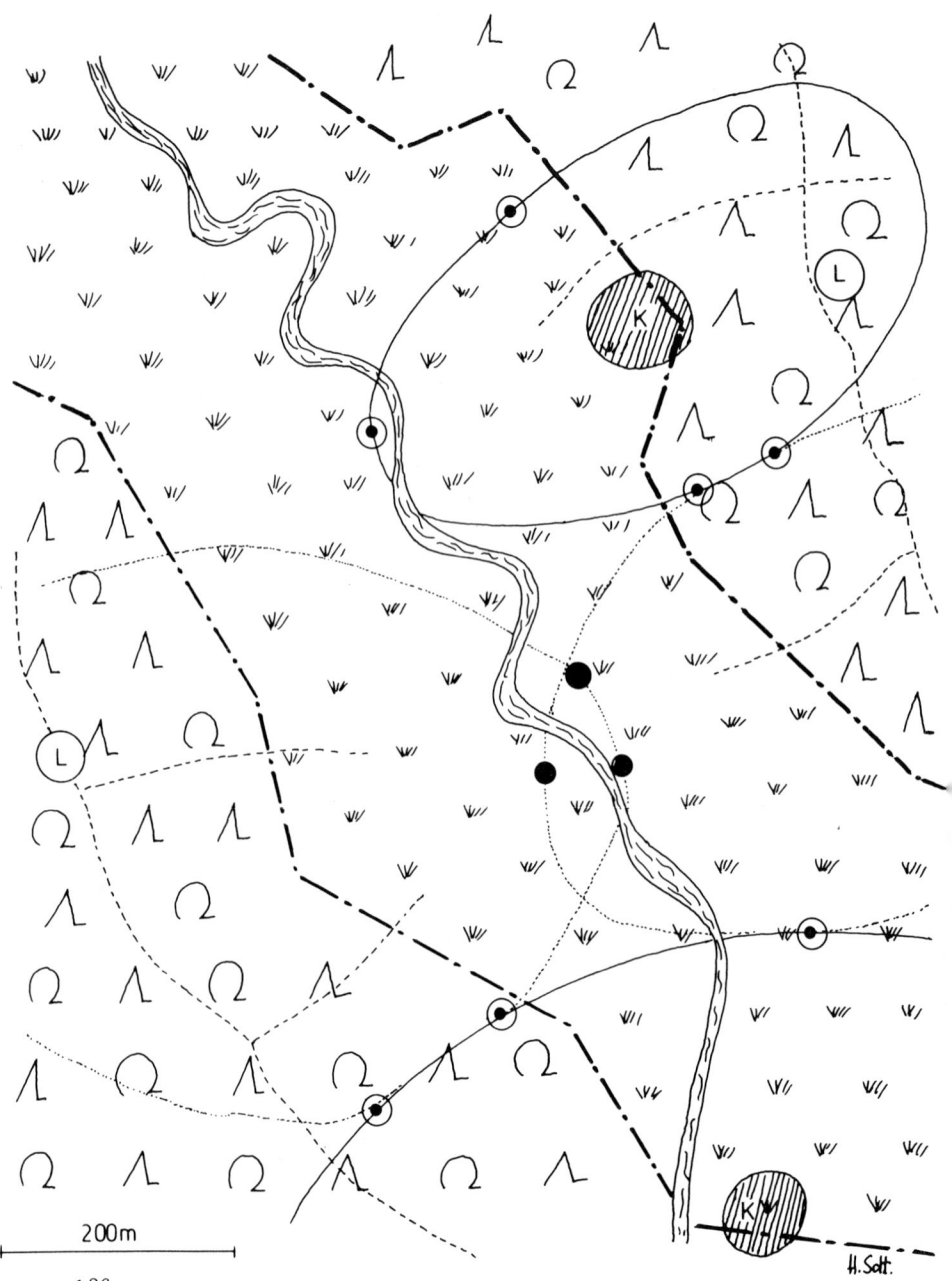

200m

126

H.Solt.

17. SYNÖKOLOGISCHE BEZIEHUNGEN IN DER WIESE

17.1. BEISPIEL EINER NAHRUNGSKETTE IN DER WIESE (Abb. 74)

Eine Schlüsselrolle spielen nach Boness endophytische Dipterenlarven als Konsumenten I. Ordnung. Sie kommen überall in der Wiese in großer Arten- und Individuenzahl vor, so daß sie insgesamt ein sehr stabiles Faunenelement bilden.

A Als solche Endophyten kommen in Frage:
Opomyca, Hydrellia, Scaptomyca, Chlorops, Meromyca, Oscinella, Cerodonta, Phytomyca, Liriomyca.

In diesen endophytischen Larven parasitieren als Konsumenten II. Ordnung die Larven der Bracionidae (=Schlupfwespenverwandte) und Chalcicidae. Wir bezeichnen diese Gruppe mit B

B Parasitierende Konsumenten II. Ordnung:
Aspilota, Gyrocampa, Dacnusa, Coelinius, Ormocerus, Semiotellus, Lamprotatus, Omphale u. a.

Diese sind teilweise wenig wirtsspezifisch und parasitieren auch in Schmetterlingsraupen und Käferlarven (was nicht in das Schema aufgenommen wurde).

Regelmäßig treten auch Hyperparasiten auf, welche ihrerseits die Eier in die Parasitenlarven legen:

C Ichneumonidae wie Hemiteles, Phygadeuon.

Die Imagines der erwähnten Larven (A - C) sind vorwiegend Blütenbesucher D. Als solche fallen sie Raubinsekten E zum Opfer:

E Kotfliegen (Scatophaga), Blumenfliegen (Coenosia), Langbeinfliegen (Dolichopus) und Tanzfliegen (Empis).

Alle zusammen werden von Libellen und letztere eingeschlossen, von Vögeln (F) gejagt.

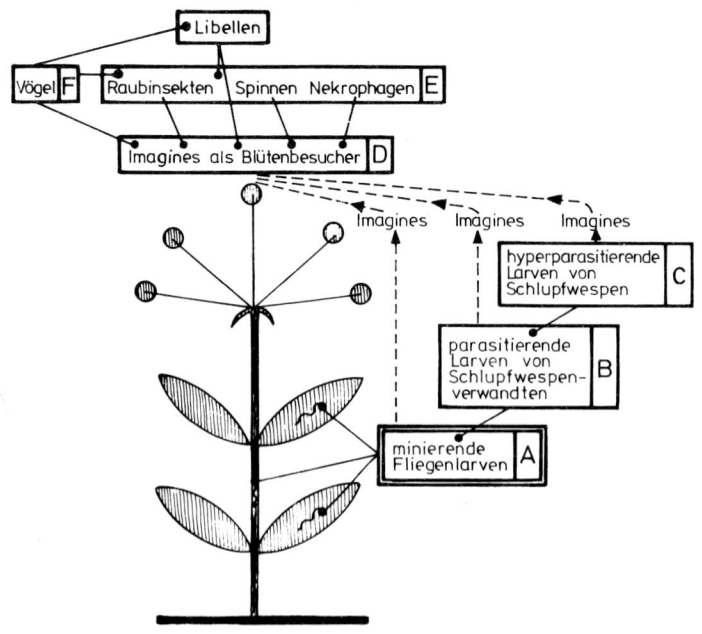

Abb. 74: Beispiel einer Nahrungskette in der Wiese

17. 2.   BEISPIEL EINER ZAHLENPYRAMIDE IN EINER WIESE

Der Primärproduktion der autotrophen Pflanzen steht die Sekundärproduktion durch die Konsumenten gegenüber. Die quantitativen Beziehungen dieser sekundären Produktion wird gern in Form der Eltonsche Zahlenpyramide durch die Individuenzahl ausgedrückt. In der Regel nimmt die Individuenmenge und wohl auch die Biomasse von den primären zu den sekundären und tertiären Konsumenten (= Konsumenten I. - II. Ordnung) ab. An der Basis der Pyramide liegen die vielen Arten nachkommenstarker, individuenreicher Phytophagen. Ihnen folgen nach oben ihre zoophagen Räuber, deren Arten, Individuen- und Nachkommenzahlen in der Regel geringer sind und deren Körpergröße nach oben hin häufig zunimmt. Eine Gruppierung in primäre und sekundäre Konsumenten ist insofern problematisch, als z. B. Schlupfwespenlarven als sekundäre und ihre Imagines als primäre Konsumenten leben.
Das Schema in der Abb. 75 zeigt nur andeutungsweise die Vertreter der einzelnen Stufen. Über die synökologischen Zusammenhänge ist dabei garnichts ausgesagt. So kann man z. B. nicht erwarten, daß ein Mäusebussard Stare frißt, oder Krähen auf Schmetterlingsimagines Jagd machen.
Diese Hinweise genügen wohl, um die Problematik derartiger Darstellungen aufzuzeigen.

128

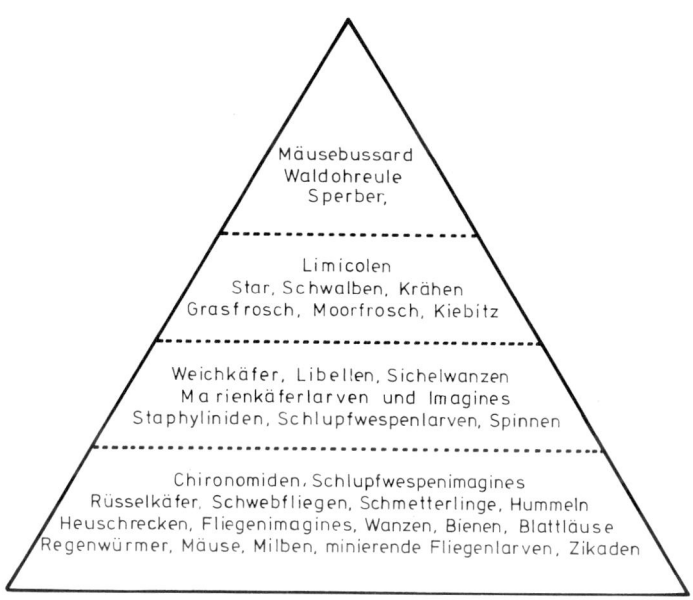

Abb. 75: Zahlenpyramide für eine Wiese

17.3. DIE ROLLE DER BLATTLÄUSE IN DER WIESE

Der mengenmäßige Anteil der Blattläuse kann in der Wiese sehr unterschiedlich sein. Infolge explosionsartiger Populationszunahme und wiederum rapider Abnahme z. B. bei der Mahd, kommen starke Schwankungen der Populationsgröße zustande. Manche Blattläuse sind derart wirtsspezifisch, daß sie nach der Mahd, sobald die obere Krautschicht, auf die sie spezialisiert sind, verwelkt ist, nicht einmal auf die Stümpfe derselben Pflanzen ausweichen können. Sie erleiden dann schwere Verluste und müssen ihren Bestand aus wenigen Überlebenden oder geflügelten Zuwanderern wieder neu aufbauen. Dabei kommt ihnen allerdings ihre hohe Reproduktionsleistung zugute.

Diejenigen Arten, welche auf Gräsern leben, stellen ein gewisses Dauerelement dar, ohne gewöhnlich zu einer Massenvermehrung zu kommen. Die Bewohner der Umbelliferen und Compositen (weniger die der Leguminosen und Ranunculaceen) überziehen dagegen ihren Wirt oft mit dichten Kolonien.
Von etwa 30 Blattlausarten der Wiese sind 20 monözisch und nur 10 wirtswechselnd.
Wo überwintern die Blattläuse? In erster Linie bevorzugen sie Gehölze der Ufer- und Auenwälder. Man findet sie auf Weiden, Pappeln, Trauben-

kirsche (Prunus padus), Hartriegel (Cornus), Johannisbeere (Ribes), aber auch auf Pflaume und Pfirsich.
Im ersten Hochstand (Mai-Juli) wandern sie auf die Wiese. Nach dem 2. Schnitt (Ende September) ziehen sie wieder ab. Für den Landwirt sind sie Schädlinge, da ihr Honigtau das Heu sauer und schimmlig werden läßt. Außerdem locken sie Ameisen in das Heu, das dann von Rindern abgelehnt wird.
Biozönotisch sind die Blattläuse in vielfache Konnexe einbezogen. Für viele Insekten sind sie Wirte, wobei festgestellt wurde, daß der Massenwechsel ihrer Parasiten demjenigen der Blattläuse oft deutlich nachhinkt. Sie werden von vielerlei Feinden gefressen.

Ihr Honigtau verursacht zusätzliche Beziehungen, da er nicht nur von Ameisen sondern von vielen anderen Insekten geschätzt wird. So nehmen sie ähnlich den Minierern als Konsumenten I. Ordnung wiederum eine gewisse Schlüsselstellung ein.
Wenn Tiere so viele Feinde haben wie die Blattläuse, spricht man von einem Vertilgerkomplex. Daß eine Beuteart von einer einzigen Räuberart in ihrer Massenentwicklung beeinflußt wird, kommt vor. In unserem Fall sind es viele Räuber, bei denen je nach Umwelteinflüssen eine den anderen ersetzen kann. Dadurch hat ein derartiger Vertilgerkomplex eine hohe Plastizität gegenüber wechselnden Umweltbedingungen, die über die Leistung einzelner Räuberarten hinausgeht.
Von besonderem Interesse sind hinsichtlich der Blattläuse die Ameisen. Für viele Arten sind die zuckerhaltigen Exkremente der Blattläuse (Honigtau) eine wichtige Nahrung. Solche Ameisen schützen dann die Blattläuse vor Feinden. Die Blattläuse werden wiederum veranlaßt, länger auf den jungen Trieben zu bleiben und nicht fortzuziehen. Infolge der guten Nahrung erhöht sich die Vermehrungsrate der Blattläuse. Außerdem wird durch Ameisenbesuch die Entstehung geflügelter Tiere gehemmt.

Wie kommt es aber, daß die Blattläuse nicht von den Ameisen gefressen werden? Anscheinend entspricht der Körper einer Blattlaus nicht unbedingt dem Beuteschema von Ameisen. Im Gegenteil, aus der Ameisenperspektive sieht der Hinterkörper einer Blattlaus dem Kopf einer Arbeiterameise nicht ganz unähnlich. Die Blattlaushinterbeine entsprächen den Fühlern, die Rückenröhren (Siphonen) den weitgeöffneten Mandibeln und das Afterschwänzchen (Cauda) der heruntergeklappten Unterlippe (Labium) einer Futter anbietenden Arbeiterin. Zu diesem Formenschema kommt noch das Bewegungs- und das taktile Schema der Berührung und des Betrillerns mit den Blattlaushinterbeinen, welches dem Fühlertriller entsprechen mag. (Abb.77) . Auch durch Düfte können Ameisen besänftigt werden (ECKLOFF 1978).

Mit all dem sind die synökologischen Beziehungen der Blattläuse noch nicht erschöpft. Als Pflanzensauger sind viele Blattläuse außerdem Überträger von Viren, welche Pflanzenkrankheiten verursachen. Auch Wanzen, Zikaden, Milben und Blasenfüße können als Krankheitsüberträger fungieren.

Für viele Blattlausarten ist das Grünland nur ein Zwischenstadium, wo sie sich entwickeln und vermehren. Sie gehen später auf Felder über, wo sie dann erst als eigentliche Schadtiere wirksam werden.

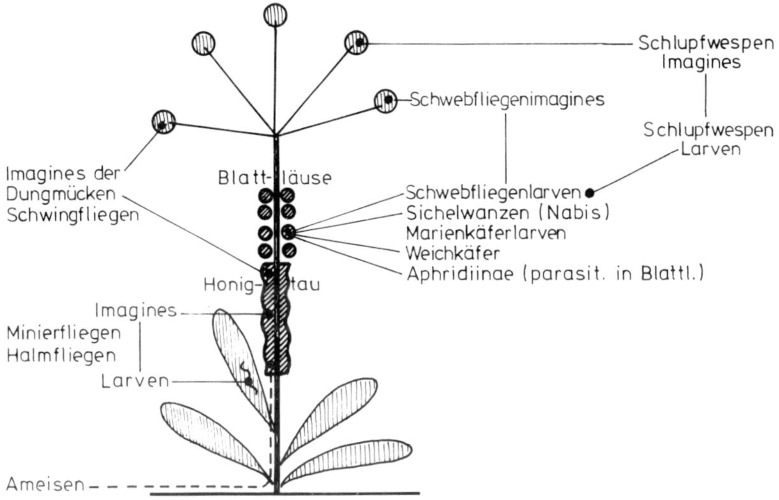

Schlupfwespen
Imagines

Schlupfwespen
Larven

Schwebfliegenimagines

Imagines der
Dungmücken
Schwingfliegen

Blatt-läuse

Schwebfliegenlarven ●
Sichelwanzen (Nabis)
Marienkäferlarven
Weichkäfer
Aphridiinae (parasit. in Blattl.)

Honig-tau

Imagines
Minierfliegen
Halmfliegen
Larven

Ameisen

Abb. 76: Die Rolle der Blattläuse in der Wiese

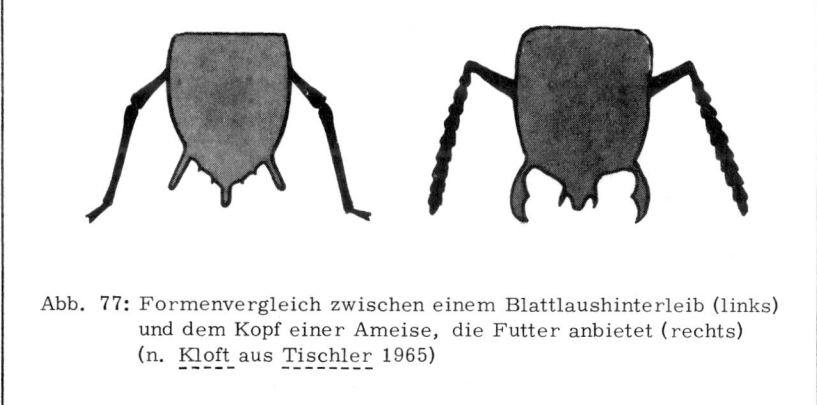

Abb. 77: Formenvergleich zwischen einem Blattlaushinterleib (links)
und dem Kopf einer Ameise, die Futter anbietet (rechts)
(n. Kloft aus Tischler 1965)

131

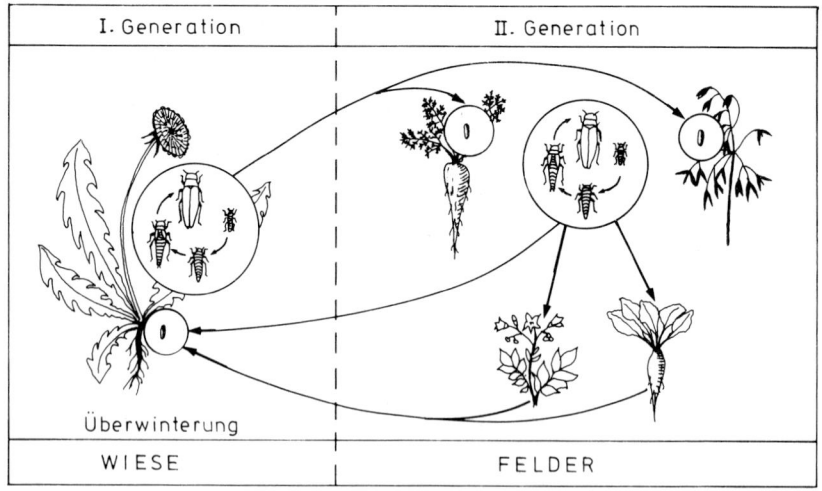

I. Generation	II. Generation
Überwinterung	
WIESE	FELDER

Abb. 78: Die Zikade Macrosteles cristatus wechselt regelmäßig die Biozönose.
(n. Razvjazkina aus Tischler 1965)

17.4   INSEKTEN WELCHE DIE BIOZÖNOSE WECHSELN

Die eben erwähnten Blattläuse sind nicht die einzigen Insekten, welche
die Biozönose wechseln.
Gut untersucht ist das Beispiel der Zikade Macrosteles cristatus (von
Razvjazkina untersucht und bei Tischler 1965 zitiert). Die Art kommt in
Norddeutschland vor, während in Süd- und Ostdeutschland bei mehr
Wärme und Trockenheit andere Arten mit ähnlichem Verhalten dominieren.
Diese Zikade überwintert im Eisstadium an Kräutern (z. B. Taraxacum
officinalis) im Grasland. Bis zum 1. Hochstand werden am Löwenzahn
alle Larvenstadien durchlaufen. Die Imagines wandern dann fort von der
Wiese zu den verschiedensten Feldfrüchten (Rüben, Hafer u. s. w.), wo
sie ihre Eier ablegen. Dort entwickelt sich die 2. Generation durch alle
Larvenstadien hindurch. Im Herbst legen ihre Imagines die Eier wiederum
an Wiesenkräuter ab. Dazwischen kann die Biozönose noch einmal ge-
wechselt werden.

17. 5.   RINDERDUNG, EINE CHORIOZÖNOSE

Die Choriozönose ist ein Teilbezirk einer Gesamtbiozönose, oder auch
einer Stratozönose. Heuhaufen wurden schon als Choriozönosen der Wiese
erwähnt. Gut untersucht sind auch die Dungfladen von Rindern. Da in den
meisten Mähwiesen mindestens im Herbst Beweidung stattfindet, ist es
wohl auch berechtigt, dieses interessante ökologische Thema in die Wiese
einzubeziehen.

132

Welche Rolle die im Rinderdung lebenden Tiere im Stoffkreislauf der Wiese spielen, wird einem bewußt, wenn man Gegenden betrachtet, wo diese Dungtiere nicht existieren, weil ursprünglich keine Rinder da waren, wie z. B. in Australien. Dort dauert es 3 - 5 Jahre, bis ein Kuhfladen zersetzt ist.
Wenn der Kot einer Kuh jährlich 365 m^2 Fläche bedeckt, kann man sich vorstellen, welche Folgen sein Liegenbleiben haben wird: das Gras stirbt darunter ab, Unkräuter stellen sich ein und der Weideertrag geht zurück.

Eine Kuh gibt im Jahr etwa das 19 fache ihres Gewichtes an Kot ab. Die Insektenbevölkerung dieser Dungmassen schätzt man auf 20 % des Gewichtes der Kuh. 20 % der Trockenmasse des Rinderkots besteht aus Bakterien; hinzu kommen Pilze, Nematoden und Milben. Die wichtigste Insektengruppe im Rinderkot sind Käfer und Dipteren.
Als Choriozönose verfügt der Rinderdung auch über ein Kleinklima.

Die Entwicklung eines Kuhfladens hängt zunächst vom Großklima, der Jahreszeit und dem speziellen Biotopklima ab. Je höher die allgemeine Luft- und Bodenfeuchtigkeit ist, desto stärker ist der Pilzwuchs der seinerseits wiederum die Fauna beeinflußt, weil Pilze auch Insekteneier angreifen. Desto länger bleibt aber auch das Innere des Kuhfladens feucht. Dieses Innere wird stark davon beeinflußt, in welchem Maße es von Insektenlarven oder Imagines durchbohrt wird und wie stark diese Tiere die harte Oberfläche durchlöchert haben. Je weniger dies geschieht, desto länger bleibt das Innere in unzersetztem, gelbgrünen Zustand erhalten und die Pilzmyzele breiten sich nur an der Oberfläche aus. Das Gras unter dem Dung stirbt dann ab.
Die Temperatur schwankt innerhalb der Tagesperiodik auf einem Dungfladen ganz beträchtlich, an seinem Boden in geringerem Maße. Man kann davon ausgehen, daß im Sommer ein Kuhfladen in 3 - 6 Wochen ausgetrocknet ist.
Zusammenfassend ergibt sich für die Choriozönose ein rascher Wechsel des Kleinklimas und des physikalischen Zustandes. Dies bewirkt, daß nur Organismen mit kurzer Entwicklungsdauer ihn besiedeln können.

Die zuerst erscheinenden Fliegenarten haben eine rasche Entwicklungszeit von wenigen Tagen, in denen sich auch das Substrat am schnellsten verändert. Später eintreffende Fliegen durchlaufen bei langsamer werdender Substratveränderung auch langsamer ihre Larven- und Puppenzeit.

Die Besiedlung des Rinderdungs
1. Erstbesiedlung
Als erste legen Stechfliegen (Siphona) ihre Eier in und neben den frischen Dung.
Wenige Minuten später erscheinen:
Fliegen (Musciden wie Cryptolucilia, Musca)
Blumenfliegen (Anthomyiiden wie Polietes)
Aasfliegen (Calliphoriden)
Später folgen:
Dungfliegen (Sphaeroceriden)
Schwingfliegen (Sepsiden)

Als erste Käfer kommen:
Wasserkäfer (Hydrophiliden wie Sphaeridium, Cercyon)
Dungkäfer (Scarabaeiden: Aphodius, Onthophagus, Geotrupes)

2. Folgebesiedlung
Soweit nun die Gangsysteme der Dungkäfer eine stärkere Durchlüftung
herbeiführen, folgen weitere Fliegen, deren Eier mehr Sauerstoff zur
Entwicklung brauchen:
Fliegen: Scatophaga, Mesembrina, Morellia, Hylemyia.
An der schon verkrusteten Oberfläche stellen sich dann räuberische Kä-
fer ein: Histeriden, Staphyliniden.
Haben die meisten Fliegen ihre Eiablage beendet, kommen noch Syrphi-
den (Rhingia) sowie Stratomyiden (Geosargus, Microchysa).

3. Nach etwa 8 Tagen ist der Kuhfladen überall von Bohrgängen durchzogen. Die feste Außenkruste verhindert ein rasches Eintrocknen. In den
Gängen entwickeln sich reiche Pilzmyzelien, unter denen in einem Temperaturbereich von 18 - 35°C und bei genügend Feuchtigkeit eine Folge-
serie von Pilzen festzustellen ist:

Phykomyzeten (Pilolobus)

Askomyzeten (Ascophanus, Ascobolus, Sacco-
bolus)

Basidiomyzeten (Coprinus)

Außerdem breiten sich dichte Hefe- und Bakterienrasen aus, welche
die tiefbraune Farbe im Innern und den charakteristischen Geruch bedingen.

4. Allmählich beginnt das Gras durchzuwachsen.
Nun stellen sich Collembolen, Milben, Diplopoden, Drahtwürmer und
Regenwürmer (bes. Lumbricus rubellus und Dendrobaena octaedra) ein.

Beziehungen zwischen den Bewohnern der Rinderexkremente

1. Parasitismus
Gregarinen (Didymophyes) sind derart eng auf Scarabaeiden und Hydrophiliden spezialisiert, daß sie auf Histeriden und Staphyliniden fehlen.

2. Übertragungsmechanismen
Für viele sehr kleine Organismen, die sich auf das Leben im Dung spezia-
lisiert haben, sind die Entfernungen von altem zu frischem Habitat zu
groß, so daß sie mit eigenen Mitteln diese nicht überbrücken können. Um
den Substratwechsel durchführen zu können, müssen viele Tiere andere
Organismen als Überträger (Vektoren) benützen. Dabei gibt es alle Über-
gänge vom äußeren Anhaften, über Darmpassage, bis zum Parasitismus,
Kommensalismus und zur Symbiose.
Als Beispiel ist in Abb. 79 der Lebenslauf einer räuberischen Käfermilbe
(Parasiticus coleoptratorum) mit ihrer Transportbeziehung zum Mistkäfer
(Geotrupes stercorarius) beschrieben (n. Rapp aus Tischler 1953).

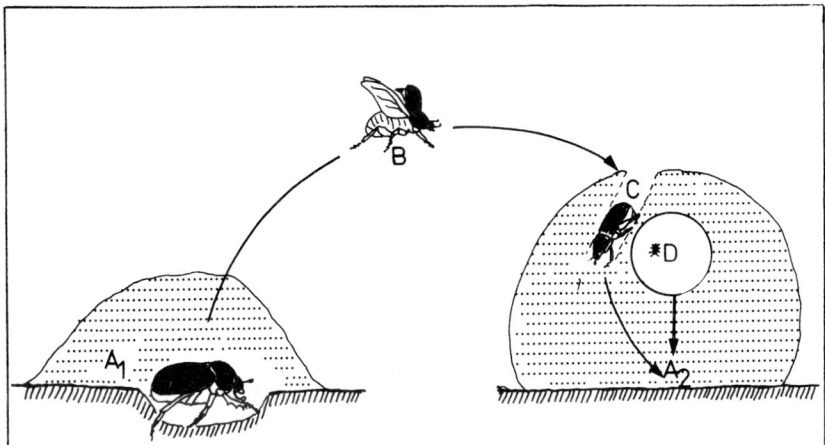

Abb. 79:

Lebenslauf einer räuberischen Käfermilbe und ihre Transportbeziehung zu Mistkäfern auf Pferdedung. (n. Rapp aus Tischler
1953).
A_1 Im ausgetrockneten und zersetzten Pferdekot sucht die Milbe
mit Hilfe ihres Geruchsorgans ein Transporttier auf.
B Verläßt der Mistkäfer den alten Dung, überträgt er die Milbe
auf frischen Kot.
C Dort gräbt sich der Käfer in den Kot ein.
D Hier häuten sich die Milben zu ausgewachsenen Tieren, ko-
pulieren und legen Eiern ab. Aus diesen gehen Larven hervor,
die sich entwickeln und in ausgewachsenem Zustand wieder ein
Tragtier aufsuchen

Die Käfermilben haften an Mistkäfern und anderen Dungkäfern. Durch
diese werden sie von altem Kot auf neuen frischen Dung verschleppt.
Dort finden sie in Form von Erdnematoden reichlich Nahrung, wodurch
ihre Fortpflanzung und Brutfürsorge gewährleistet ist. Die Transport-
tiere werden mit Hilfe eines großen Geruchorgans aufgesucht.
Auch Nematoden lassen sich von Käfern transportieren. Sie finden diese
dadurch, daß sie mit ihrem Vorderende kreisende Suchbewegungen aus-
führen und bei Kontaktnahme am Käfer hochkriechen.

3. Räuber - Beute - Beziehungen
Wo so vielerlei Organismen dicht zusammenleben, kommt es selbstverständlich auch zu engen Räuber-Beute-Beziehungen. Von den Fliegenmaden sind nicht alle koprophag, einige Gattungen (Myospila, Hydrotaea u. a.) überfallen die Maden anderer Fliegen.

Räuberisch leben außerdem manche Staphyliniden, Histeriden und Carabiden.
Auf der Dungoberfläche jagen Spinnen und Empididen nach Fliegen.

4. Wirbeltiere am Dung
Der Dung lockt auch viele Wirbeltiere an: Stare, Kiebitz, Krähe, Wiedehopf, Kröten, Spitzmäuse, Igel.

5. Beseitigung des Dungs
Schließlich kann es vorkommen, daß im Spätsommer die Mistkäfer ganze Kuhfladen nach und nach in ihre Gänge vergraben und damit die kurzlebige Choriozönose vernichten und somit den anderen Organismen ihre Lebensgrundlage entziehen.

17. 6. NAHRUNGSREVIERE VON GREIFVÖGELN UND EULEN AUF DER WIESE

Die Karte zeigt eine Wiese, von Wald und Moor umgeben. Der Vielseitigkeit der Landschaft entspricht eine Vielseitigkeit an Pflanzen und Tieren. Die Wiese ist ein Teil des Ganzen. Als Biozönose läßt sie sich zwar abgrenzen, aber viele Tiere wechseln von einem Biotop zum andern und gehören damit mehreren Biozönosen an.
Bussard und Waldohreule sind typische Vögel zusammengesetzter Landschaft aus verschiedenen Biozönosen. Beide brauchen sie freie Jagdgründe und der Bussard benötigt dazu für seine Balz- und Spähflüge ein offenes Gelände. Dieses wird in der Wiese und Heide geboten. Der Sperber kommt als rascher Kurzstreckenflieger zusammen mit dem Habicht vor allem in gedeckter Waldlandschaft vor, überfliegt aber auch die Wiese (Abb. 80).
Warum machen sich diese Vögel keine Nahrungskonkurrenz, obwohl sie in gleicher oder ähnlicher Landschaft vorkommen?
Eine Analyse der folgenden Tabelle wird über diese Frage Auskunft geben (S. 158).

Abb. 80: Nahrungsreviere von Greifvögeln und Eulen auf einer Wiese (Erkl. im Text)

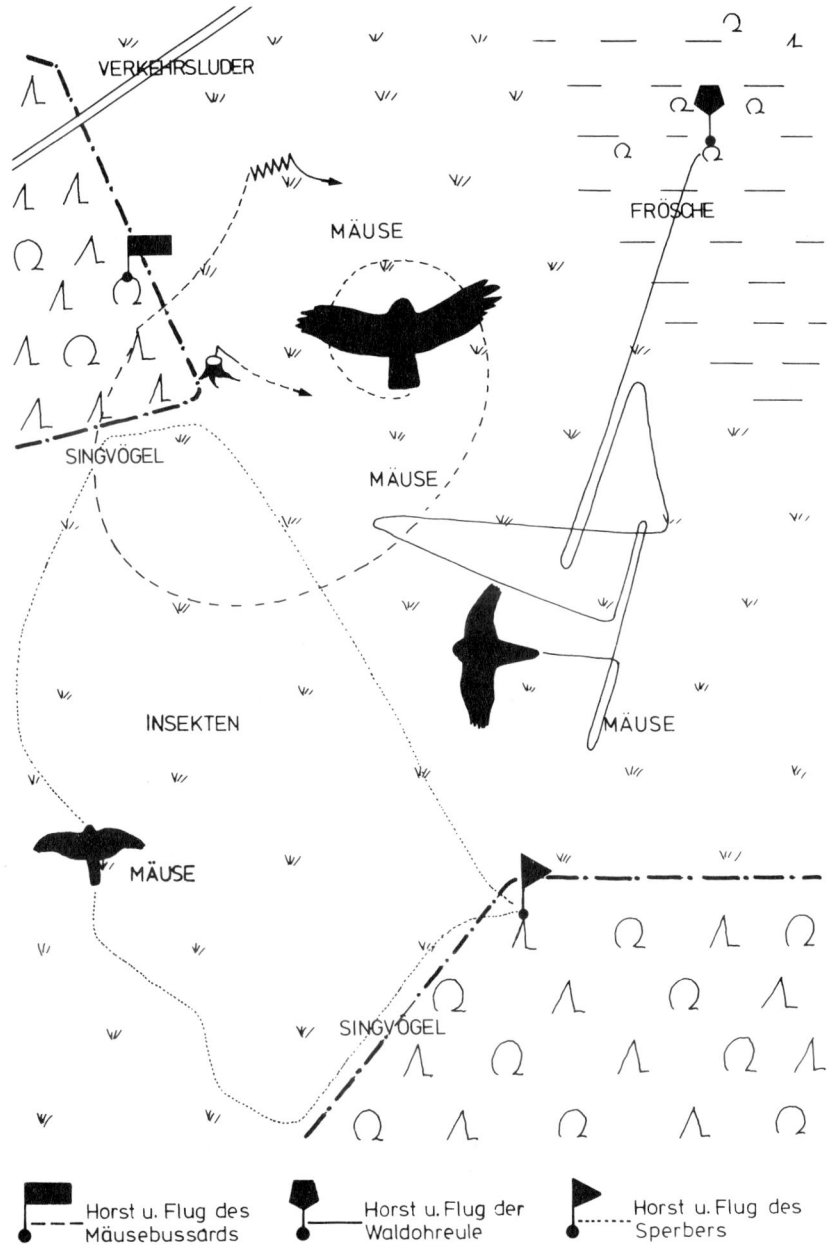

VERKEHRSLUDER

MÄUSE

FRÖSCHE

SINGVÖGEL

MÄUSE

INSEKTEN

MÄUSE

MÄUSE

SINGVÖGEL

Horst u. Flug des
Mäusebussards

Horst u. Flug der
Waldohreule

Horst u. Flug des
Sperbers

	Mäusebussard	Sperber	Waldohreule
Vorkommen	zusammengesetzte Landschaft mit Wiesen, Mooren, Heide, Feldern, Baumgruppen und Waldstücken		
Jagdzeiten	tagaktiv	tagaktiv	nachtaktiv
Jagdbeute	Mäuse, Frösche, Käfer, Luder	Vögel	Mäuse
Jagdgebiete	Boden	Luftraum	Boden
Jagdmethoden	1. Rüttelflug am Ort mit Sturz auf die Beute. 2. Überraschungsflug vom Ansitz 3. Beobachtungsflug und anschliessend nach 1. oder 2. Meist töten mit den Fängen.	Rasche Pirschflüge von Beobachtungswarte aus. Jagdflug und Schlagen d. Beute in der Luft. Töten meist mit dem Schnabel	Pirschflüge in 30-40 cm Höhe mit raschen Wendungen. Reaktion auf Piepstöne der Mäuse. Greifen der Beute am Boden. Töten mit dem Schnabel.
Zehen	lange, dolchartige Krallen zum Festhalten der Beute.	verlängerte Mittelzehe zum Greifen in der Luft	Wendezehe zum Greifen auf dem Boden
Flügel	breite Segelflügel	schmale Flügel für raschen Flug	weiches lautloses Gefieder für Nachtflug
Sinnesorgane	leistungsfähige Tagaugen, großer Sehwinkel	leistungsfähige Tagaugen	große lichtempfindliche Nachtaugen, großer Drehwinkel des Kopfes
Schnabel	Hakenschnabel Reiß- und Schneideschnabel	Hakenschnabel Reiß- und Schneideschnabel	stark gebogener Hakenschnabel; Reißschnabel
Gewölle	locker, ohne Knochen	locker, ohne Knochen	feste Speiballen mit Knochen

Die beiden Taggreife jagen in unterschiedlichen Bereichen verschiedene Beute. Bussard und Waldohreule leben zwar hauptsächlich von Mäusen, (Koinzidenz) jagen aber zu verschiedenen Zeiten. Dadurch sind Überlappungen mehrerer Nahrungsreviere in ein und demselben Biotop möglich. Allgemein läßt sich sagen: Überlappungen der Areale sind dann möglich, wenn die Tiere in verschiedene Raum- und Zeitkoordinaten eingepaßt sind (Inkoinzidenz).

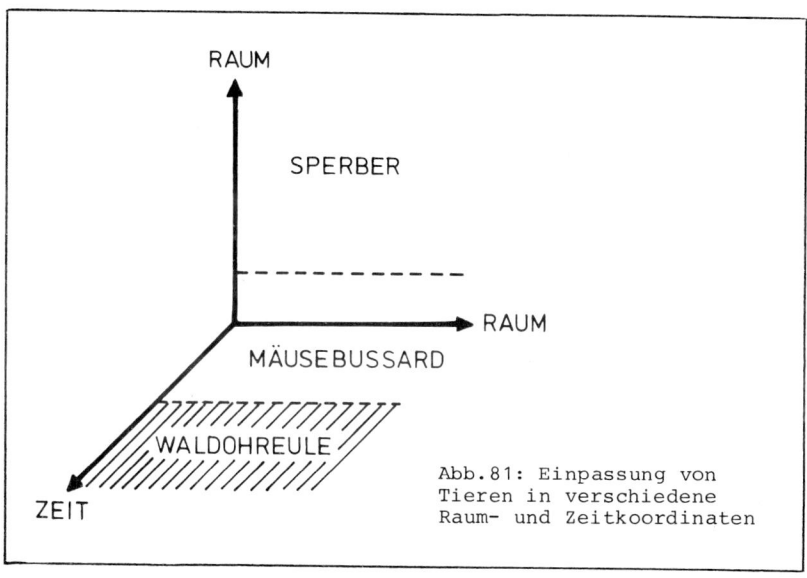

Abb.81: Einpassung von Tieren in verschiedene Raum- und Zeitkoordinaten

18. TIERISCHE SCHÄDLINGE

In der Wiese spielen Schadtiere bei weitem nicht die Rolle wie auf dem Acker. Die Gründe dafür liegen auf der Hand. In ihrer vielseitigen Zusammensetzung, ihrem relativen Artenreichtum, ihrer Dauer, steht die Wiese viel näher einer natürlichen Nutzungsform, als die Monokultur eines Ackers mit seinen Brachzeiten.
Natürliche Regulationsvorgänge, die auf dem Acker weitgehend eingeschränkt sind, bleiben in der Wiese unangetastet. Sie sind maßgeblich daran beteiligt, daß die Zahl der Krankheitserreger und Schädlinge gering gehalten wird und tatsächlich auftretende Schäden oft wenig ins Gewicht fallen. Bei der Vielzahl der Pflanzenarten werden sie meist schnell wieder ausgeglichen.
Wirts- und Nahrungsspezialisten spielen in ihrer Wirkung eine untergeordnete Rolle.

Von Bedeutung sind jedoch alle jene Schädlinge, welche wenig wählerisch sind. Zu diesen gehören die Wühlmaus, die Feldmaus, sowie die Larven der Wiesenschnake und des Maikäfers.

Manche Schädlinge, welche im Ackerbau bereits in geringer Menge merkbaren Schaden anrichten, können in gutwüchsigem Grünland noch in 10-facher Dichte vorkommen, ohne den Futterertrag in auffälligem Maße zu mindern. Grenzbeträge sind in der Wiese z. B. 20 bis 30 Engerlinge pro m^2, 50-100 Larven des Junikäfers, oder 160 Larven vom Schnellkäfer pro m^2. Larven von Wiesenschnaken wirken erst bei 300 - 500 (bis 1000) pro m^2 ertragsmindernd und für Kleeälchen beginnt die Ertragsminderung im Weißklee bei 50 Eiern pro Gramm Boden, in der Wiese dagegen erst bei 200 Eiern pro Gramm Boden.

Wenn die Allgemeinschädlinge auch wenig wählerisch sind, bevorzugen sie doch gewisse Pflanzen. Diese werden geschwächt oder sterben ab. Im starken Konkurrenzdruck werden ihre Plätze aber rasch von anderen Arten eingenommen, weshalb der Allgemeinschaden in der Wiese niedrig ist.

Allerdings gibt es auch Schadtiere, welche nicht die Pflanzen der Wiese, sondern die Weidetiere beeinträchtigen. Als solche kommen vor allem Parasiten in Frage, wie verschiedene Würmer, großer und kleiner Leberegel, ferner Dasselfliegen und blutsaugende Insekten.

Schließlich soll nicht unerwähnt bleiben, daß viele Tiere in der Wiese als Überträger von Krankheiten, insbesondere von Viruserkrankungen bei Pflanzen und Tieren eine Rolle spielen.

18. 1.   DIE WIESENSCHNAKE (TIPULA PALUDOSA)

Die Bezeichnung "Schnake" wird in Deutschland auf verschiedene Zweiflügler angewendet, teils auf Stechmücken die von Blut leben, teils auf die Wiesenschnaken, deren Imagines nur von Tau- oder Regentropfen leben.

Die Wiesenschnaken bevorzugen Wiesen und Weiden mit hoher Feuchtigkeit, vernäßten Böden, vor allem im Bereich des Seeklimas, also mehr in NW-Deutschland als in SE-Deutschland.

Im feuchten Frühherbst kommt es zur Massenablage der Eier. Die Larven bevorzugen die Wurzeln der Kleearten und wertvollen Gräser und Kräuter. Die Sproße werden kurz unter oder über dem Erdboden abgebissen. Teile davon werden in den Erdgang der Larve hineingezogen. Bei starkem Befall weist der Pflanzenbestand Lücken auf. Infolge des radikalen Abbisses der Wurzeln läßt sich mitunter die Grasnarbe wie ein Teppich einrollen.

Zur Bekämpfung gibt es zwar spezifische Insektizide, aber auch biologische Maßnahmen werden empfohlen. Sachgemäße Entwässerung, Walzarbeit, sowie alle Maßnahmen, welche die Entwicklung einer dichtwüchsigen Narbe fördern, wirken vorbeugend gegen den Befall. Mancherorts werden Hühnerwägen aufgestellt. Die Hühner beteiligen sich dann erfolgreich am Absammeln der Larven.

Als Feinde der Larven kommen parasitierende Raupenfliegen in Frage. Neuerdings wird der Einsatz von spezifischen Viruserkrankungen überlegt. (s. Abb. 82, S. 162).

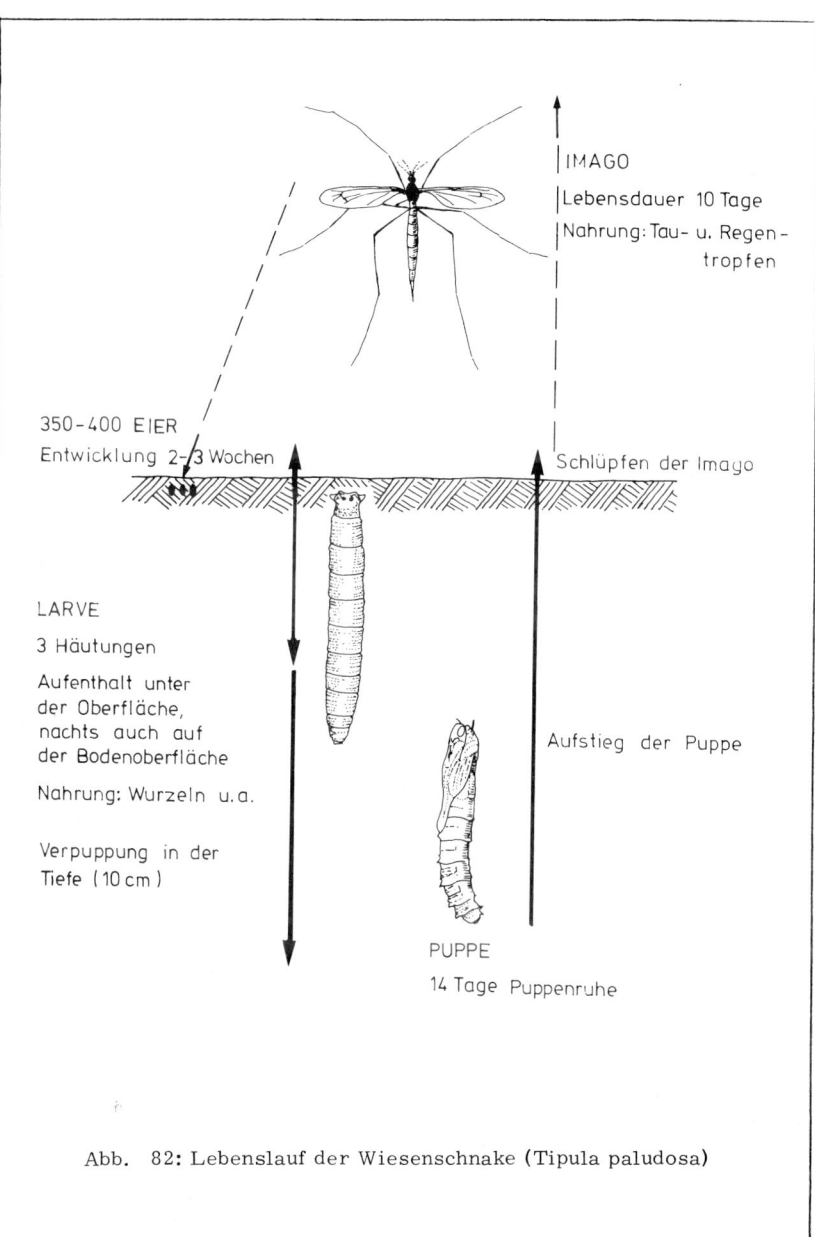

IMAGO
Lebensdauer 10 Tage
Nahrung: Tau- u. Regen-
          tropfen

350-400 EIER
Entwicklung 2-3 Wochen

Schlüpfen der Imago

LARVE

3 Häutungen

Aufenthalt unter
der Oberfläche,
nachts auch auf
der Bodenoberfläche

Nahrung: Wurzeln u.a.

Verpuppung in der
Tiefe (10 cm)

Aufstieg der Puppe

PUPPE
14 Tage Puppenruhe

Abb. 82: Lebenslauf der Wiesenschnake (Tipula paludosa)

18. 2.   WEITERE INSEKTEN ALS SCHADTIERE DER WIESE

Der Maikäfer (Melolontha)
Während in den 40er Jahren dieses Jahrhunderts noch große Maikäfer-
kalamitäten in Deutschland stattfanden, ist dieses Tier, wohl infolge
starker Bekämpfungsmaßnahmen, schon so selten geworden, daß es oft
Schulkinder gibt, die noch nie einen Maikäfer gesehen haben und der Bio-
logielehrer in Verlegenheit kommt, wenn er welche beschaffen möchte.
Es ist demnach recht fragwürdig, wenn der Maikäfer hier als Schadtier
erwähnt wird. Wie bei der Wiesenschnake ist es auch hier die Larve,
welche als Engerling in ihrem 3-4 jährigen Bodenleben von den Wurzeln
der Wiesenpflanzen lebt. Allerdings begnügt sich der fliegende Käfer nicht
mit Tautropfen, sondern frißt Blätter bevorzugt von Buchen, Eichen,
Hainbuchen und anderen Bäumen.
Wie groß der Schaden sein konnte, sah man früher an kahlgefressenen
Alleen und Waldstücken. Berechnungen ergaben, daß die Engerlinge einer
Wiese bei nur mäßigem Befall in den 3 - 4 Jahren ihrer Entwicklung etwa
12 dz/ha Wurzeltrockenmasse (was etwa dem achtfachen Verlust an
oberirdischer Grünmasse entspricht) fressen können. Da aber nicht alle
Pflanzenarten befressen werden, kann der Bestand den Minderaufwuchs
auch wieder ausgleichen. Erst in einem Maikäferflugjahr, wenn die Engerlinge am größten sind, und am meisten fressen, kann es zur Minderung
des Futterwertes der Wiese kommen.
Bekämpfungsmaßnahmen richten sich gegen die Imagines, da die Engerlinge kaum zu erreichen sind.

Die Drahtwürmer (Larven der schädlichen Elateriden)

Als Drahtwürmer werden die Schnellkäferlarven bezeichnet, weil sie einen langgezogenen drehrunden wurmartigen Körper besitzen. Viele von
ihnen leben im Wiesenboden. Gewöhnlich fressen sie modernde, faulende
Pflanzenteile, solange diese feucht sind. Bei anhaltender Trockenheit
gehen sie jedoch auf frische lebende Pflanzenteile über, wodurch sie bei
Massenauftreten in der Wiese zu Schädlingen werden können.

18. 3.   BEKÄMPFUNG DER SCHADINSEKTEN

Vieles, was über Rückstände bei chemischer Schädlingsbekämpfung sowie
über Nebenwirkungen im Kapitel Unkrautbekämpfung gesagt wurde, trifft
auch für Insektizide zu und braucht hier nicht wiederholt zu werden.
Ein wesentlicher Unterschied zwischen den Wuchsstoffen unter den Herbiziden und den Insektiziden besteht jedoch darin, daß erstere bei vor-
schriftsmäßiger Anwendung und Handhabung für Haustiere ungefährlich
sind und Substanzen wie Kalkstickstoff z. B. die Mikroflora und Mikro-
fauna des Bodens und damit seine Fruchtbarkeit nicht beeinflussen.
Die meisten Fraß-und Kontaktgifte sowie ihre Rückstände sind dagegen
nicht nur für Bienen, sondern auch für Warmblüter, sowie den Menschen
gefährlich. Ihr Einsatz bedeutet auch stets einen starken Eingriff in das
Gleichgewicht der Biozönose, wenn nicht der ganzen Landschaft. Insbe-

sondere Bodenorganismen, wie Bakterien und Regenwürmer können betroffen werden (bei manchen Mitteln je nach Formulierung bis 100 % der Regenwürmer und 80 % der Bakterien). Nach Anwendung von Carbamaten z.B. kann es Jahre dauern, bis eine Regenwurmpopulation wieder aufgebaut ist (Klapp 1971).

In zunehmendem Maße bemüht man sich um selektive Gifte, die bevorzugt Schädlinge treffen und Nützlinge verschonen. Auch wird der Bekämpfungstermin so gesetzt, daß Nützlinge so wenig wie möglich betroffen werden.

Ökologisch besonders interessant sind biologische Bekämpfungsmaßnahmen, wie Franz sie beschrieben hat. Man geht dabei verschiedene Wege, von denen kurz einige erwähnt seien.

1. Förderung von Nützlingen durch Begünstigung oder Anbau ihrer Nährpflanzen.
Die Imagines vieler parasitischer Hymenopteren und Schlupffliegen sind oft auf Pflanzen angewiesen, welche zwar in der Wiese fehlen aber an Weg- und Feldrainen vorkommen. Beseitigt man radikal diese Nektarquellen, verschwinden auch viele der Nützlinge, welche durch ihr Parasitieren in den Schadtieren diese niederhalten.

2. Verstärkte Wiederansiedlung einheimischer Nützlinge.
Dies betrifft vor allem insektenfressende Vögel und hat für die Waldwirtschaft größere Bedeutung als für die Wiese.

3. Künstlicher Masseneinsatz von Nutzorganismen und Viren.
Hierfür kommen Bakterien und Viren in Frage. Da aber für den Einsatz viele Faktoren eine Rolle spielen (Klima, Wetter, einjährige oder mehrjährige Kulturen, Isolation des Gebietes, Entwicklungsstadium der Schädlinge u.v.a.) wird es noch eine Weile dauern, bis man diese Möglichkeiten im Griff hat.

Insgesamt gesehen werden alle diese Bekämpfungsmaßnahmen für Ackerland eine größere Rolle spielen, als für die Wiese.

18.4. DER WEG DER KONTAKTINSEKTIZIDE IM INSEKTENKÖRPER

Wie Kontaktinsektizide vom Insektenkörper aufgenommen werden, ist am besten am DDT untersucht. Obwohl die Verwendung von DDT in vielen Ländern heute verboten oder eingeschränkt ist, können wir es als Modellfall für derartige Wirkmechanismen nehmen. (Abb. 83, S. 144).

1. Eine erste Voraussetzung für Insektizide ist ihre Fettlöslichkeit. Dadurch ist es möglich, daß sie sich in der Lipoidschicht der Epikutikula des Insektenintegumentes lösen.

2. Anschließend wandert das DDT durch die Porenkanäle zur Hypodermis.

3. Von dort gelangen die Stoffe an Nervenendigungen.

4. Die Weitere Leitung von DDT kann auf verschiedenen Bahnen erfolgen:

   entweder in den endoneuralen Lymphbahnen
   oder in lipoidähnlichen Substanzen der Nerven
   oder in der Hämolymphe.

   Welche Bahn bevorzugt wird, ist von Art zu Art verschieden.

5. Die Leitung führt das DDT dann z. B. zum ZNS-Bauchmark. Dabei stellte man fest, daß das Insektizid bevorzugt den Wegen von Reflexbögen folgt, wie sie z. B. zur Steuerung der Beinbewegungen bei Fliegen vorliegen. Dies ist daran zu erkennen, daß nach Betupfen einer Fliegentarse mit DDT-Lösung nicht nur dort, sondern bald darauf der Reihe nach an den nächstliegenden und nächstfolgenden Beinen Tremor und Krämpfe ausgelöst werden.

6. Die spezielle physiologische Wirkungsweise des DDT ist noch weitgehend unbekannt. Vermutlich handelt es sich um Hemmung oder Blockierung von Fermentsystemen.

Ähnliche Eindringmechanismen über Lipoidschichten der Außenhaut oder auch der Tracheen oder des Darmes liegen bei LINDAN und wahrscheinlich auch bei den meisten anderen Insektiziden vor.

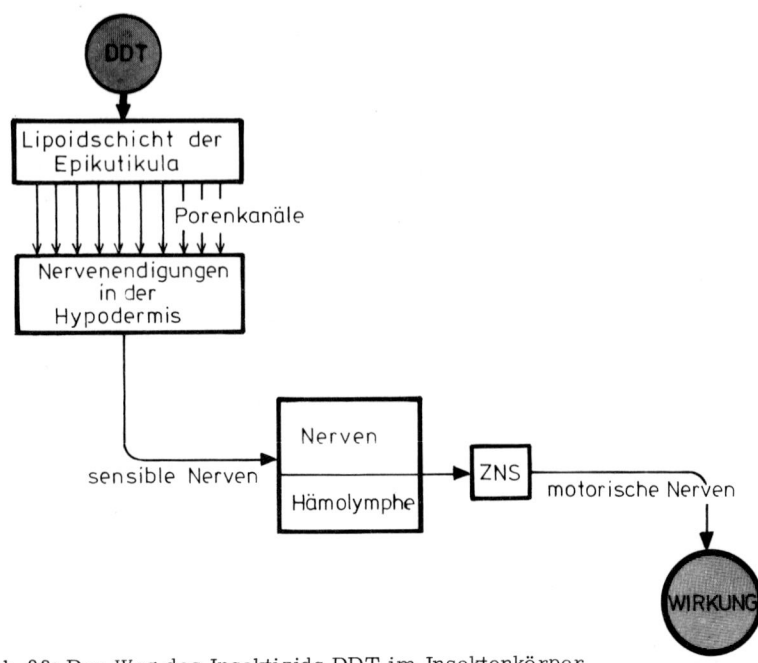

Abb. 83: Der Weg des Insektizids DDT im Insektenkörper

18.5. DIE FELDMAUS (MICROTUS ARVALIS)

18.5.1. Die Feldmaus im ökologischen Gefüge

In der Biozönose einer Wiese spielen die Feldmäuse eine nicht zu unterschätzende ökologische Rolle.
Die Feldmaus ist ein typischer Kulturfolger, findet sie doch gerade in kultivierten Landschaften ihre reichsten Ernährungsmöglichkeiten vor. Wälder meidet sie im allgemeinen, wogegen sie offene Landschaften bevorzugt. Eine Feldmauspopulation greift beachtlich in das ökologische Gefüge einer Wiese ein.
Gefressen werden hauptsächlich Gräser und hier zunächst die unterständigen, immer neu nachwachsenden Sprosse. Ist jedoch dieser frische Unterwuchs aufgezehrt, geht es über die langen Gräser her, welche bis dahin die Fraßtätigkeit verbargen. Neben Gräsern werden aber auch Klee und Luzerne gefressen. Für den Winter tragen die Feldmäuse Samen, Früchte, Wurzeln- und Rhizomteile verschiedenster Pflanzen in ihre Vorratskammern ein. Allein aus diesen Sachverhalten resultieren zahlreiche Folgen für das ökologische Gefüge:

1. Beeinflussung des Pflanzenbestandes durch selektive Beweidung (bevorzugt: Lolium perenne, Trifolium repens; gemieden: Holcus lanatus, Polygonum- oder Galeopsis-Arten).
2. Entblößung des Bodens durch Fraß.
3. Auflockerung und Düngung des Bodens.
4. Verbreitung von ungewünschten Pflanzenarten infolge der Vorratshaltung von Samen, Früchten, Wurzelteilen u. s. w.
5. Als Folgeerscheinung der Entblößung die Begünstigung von unerwünschten Ruderalpflanzen und Wiesenunkräutern wie Rumex, Urtica, Polygonum, Sonchus, Galeopsis, Achillea.
6. Als Folgeerscheinung der Vorratshaltung ferner vermehrtes Auftreten von Agropyron, Ranunculus, Cirsium, welche in den Feldmausbauten auswachsen und dadurch in der Wiese in dichten Beständen Fuß fassen können.
Die Verunkrautung kann sich noch jahrelang nach einem Massenauftreten der Feldmaus in einer Wiese halten (Tischler, W. 1965).

Verschiebung des Pflanzenbestandes

	Gräser	Klee	Kräuter
Vor dem Feldmaus-befall	60 %	18 %	22 %
2 Jahre nach dem Befallshöhepunkt	45 %	2 %	53 %
	die Ackerdistel nahm allein 24 % ein		

7. Aber nicht nur die Pflanzen unseres Ökosystems werden von der Feldmaus beeinflußt, auch die Tierwelt wird verändert. In den Gängen der Feldmäuse können sich Choriozönosen entwickeln, zu denen Laufkäfer (Trechus discus, Tr, micros), gewisse Trauermücken (Sciaridae), Buckelfliegen (Phoridae), Scheufliegen (Helomycidae) und Dungfliegen (Borborus) besondere Beziehungen haben. In Mauslöchern finden Erdhummeln (Bombus terrestris) Platz zur Staatengründung.

8. Interspezifische Beziehungen können sich mit Maulwürfen ergeben, wenn Gangsysteme gemeinsam benutzt werden.

9. Als Konsumenten 1. Ordnung spielen die Feldmäuse eine bedeutende Rolle in der Nahrungspyramide, sowie der Nahrungskette einer Wiese. Wenn auch viele Säuger unter den natürlichen Feinden stark zurückgedrängt sind, wie Wiesel, Fuchs, Iltis, gibt es doch noch etliche Vögel, die sich in ihrer Ernährung und der ihrer Jungen, auf die Feldmaus stützen. Da die Feldmaus in einem kurzfristigen Aktivitätszyklus von 2- 3 Stunden lebt, kennt sie keine ausgesprochene Gebundenheit an Tag oder Nacht, wenngleich sie im Sommer mehr nachtaktiv und im Winter mehr tagaktiv ist. Dies hat zur Folge, daß sie sowohl tagaktive Räuber (wie Bussard, Turmfalke, Storch, Krähe), wie auch nachtaktive (Eulen) als Beute dienen kann. (Vergl. Kapitel über die Nahrungsreviere von Greifvögeln und Eulen auf der Wiese).
Auf eines muß allerdings hingewiesen werden, weil da oft falsche Vorstellungen herrschen: Als begrenzende Faktoren einer großen Mäusepopulation kommen alle diese Raubtiere nicht in Frage. Ihr Feinddruck kann sich höchstens in Zeiten geringer Feldmausdichte etwas stärker auswirken.

10. Um den Kreis ökologischer Wirkungen zu schließen, sei noch hinzugefügt, daß gerade durch die Verunkrautung, Vergeilungen und Horstbildungen, welche durch die Feldmaus hervorgerufen werden, diese Tiere gegenüber ihren Feinden bessere Deckungsmöglichkeiten erhalten. Bei diesem Umstand setzen auch die biologischen Bekämpfungsmaßnahmen ein, welche intensive Grasnarbenpflege, geregelten Weidegang und damit Viehvertritt des Bodens, hohe Besatzdichte und regelmäßige Mahd fordern. Durch anhaltende Störungen können kleine Populationen zur Abwanderung veranlaßt werden, jedoch geschieht die Wiederbesiedlung vom nichtbekämpften Nachbarland aus ungemein rasch.

18.5.2. Bevölkerungsbiologie der Feldmaus

Aus dem vorausgegangenen geht klar hervor, daß die Feldmäuse im Öko-system der Wiese eine gewisse Schlüsselstellung einnehmen. Ein solcher Umstand wird umso stärker, wenn eine Tierart zu plötzlicher Massen-vermehrung fähig ist.

Nehmen wir einmal an, ein Feldmausweibchen habe durchschnittlich im Jahr 3-6 Würfe mit 5-6 Jungen. Diese Zahlen dürften unbebautem Land entsprechen, während im bebauten Kulturland bei größerem Nahrungs-angebot die Zahlen höher liegen werden. Im Alter von einem Monat sind die Jungen schon wieder geschlechtsreif. Setzen wir weiterhin voraus, daß das Geschlechterverhältnis 1 : 1 sei (was auch bei Feldmäusen durch-aus nicht immer der Fall ist), dann können wir eine entsprechende Rech-nung für ein Jahr aufmachen.

Die gewonnenen, natürlich rein theoretischen Zahlen, werden in einer Kurve veranschaulicht.

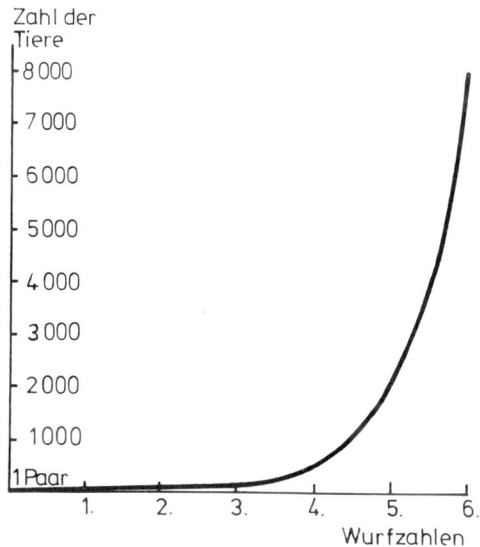

Abb. 84: Theoretische Wachstumskurve einer Feldmauspopulation
        (ohne Sterberate)

Diese Kurve zeigt deutlich, wie aus einer Anfangsphase ziemlich unmittel-bar die Bevölkerung explosionsartig anwächst.

147

Beobachtet man das Wachstum in einer Bakterienkultur (Daumer 1975)
so ergibt sich eine Ähnlichkeit insofern, als dort nach einer Anlaufphase
(= lag-Phase) ebenfalls eine Phase starker Zunahme (exponentielle oder
logarithmische Phase = log-Phase) folgt, wo die Vermehrung einer geo-
metrischen Progression : 2^0 - 2^1 - 2^2 - 2^3 ..... 2^n entspricht. Im
Unterschied zur Bakterienvermehrung ist jedoch die Mäusevermehrung
stärker als die oben erwähnte Progression. Das gleiche läßt sich für das
Wachstum der Weltbevölkerung sagen (Meadows, D. 1972).

Das lawinenartige Anschwellen einer Mäusebevölkerung in der Wiese ist
nur möglich, wenn die Umweltsituation ausreicht, eine größere Menge
von Tieren aufzunehmen. Dazu sind Umweltfaktoren, wie genügend Nahrung, räumliches Fassungsvermögen, ausreichende Deckungsmöglichkeiten, gute Überwinterungsplätze, tiefer Grundwasserstand, Größe der
Reviere und einiges anderes maßgebend. Infolge flexibler Verhaltensweisen ist es möglich, daß die Weibchen bei dichtem Besatz ihre Reviere
verkleinern. Schließlich können bei weiter steigender Siedlungsdichte
mehrere Weibchen in Nestgemeinschaften zusammenleben (mit 4 Weibchen und über 30 Jungen).
Die Männchen zeigen zwar kein Revierverhalten, kommen aber infolge
immer stärkerer Konkurrenzkämpfe um die Weibchen in eine zunehmende
Streßsituation, der sie schließlich erliegen können. Dadurch verschiebt
sich im Laufe des Jahres der Geschlechtsindex zugunsten der Weibchen.

Die Erfahrung zeigt, daß es meist gegen Jahresende zu einem totalen
Zusammenbruch der Massenpopulation kommt. Die Gründe hierfür sind
vielfältiger Natur.

Damit kommen wir auf die Kurve zurück. Sie beinhaltet nur den Zuwachs
infolge der Geburten, ohne die Todesfälle, welche natürlicherweise
gleichzeitig eintreten, auszudrücken. Man könnte auch eine entgegenge-
setzte Sterbekurve aufstellen, die zu rascher Verminderung der Bevölkerung führt.
Ökologisch gesehen werden es begrenzende Faktoren sein, welche die
Wachstumskurve bei einer gewissen Bevölkerungsdichte zum Stoppen
bringen. Derartige Umweltfaktoren sind: Nahrungsmangel, Raummangel,
Mangel an Deckungsmöglichkeiten, Erhöhung der Ansteckungsgefahr bei
großer Dichte und nicht zuletzt erhöhter Streß infolge zu dichter Besiede-
lung (Gedrängefaktor). Gerade die psychisch-physische Belastung bei zu
großer Populationsdichte führt zu Dauererregungszuständen, die das
Hypophysen-Nebennieren-System übernormal beanspruchen, so daß der
Zuckerspiegel im Blut sinkt und schließlich der Tod infolge eines hypogly-
kämischen Schocks eintritt. Auch Nierenversagen konnte nachgewiesen
werden. Kommt - besonders im Herbst - noch schlechte Wetterlage mit
frühem Frost und Nässe hinzu, wird die Streßsituation erhöht. Krankheiten brechen aus, verbreiten sich rasch und in Kürze bricht die Massenpopulation zusammen.
Häufig kommt es dann erst nach etwa 3 Jahren wieder - günstige Witterung
vorausgesetzt - zu einem Massenauftreten. Die Witterung ist damit einer
der entscheidenden Umweltfaktoren in der Populationsdynamik der Feldmäuse.

19.   DER MAULWURF (TALPA EUROPAEA)

19.1.   BEISPIEL FÜR EINEN MONOTOP IN DER WIESE

Der Begriff Monotop ist autökologisch konzipiert und kennzeichnet die
Lebensstätte eines Tieres, bzw. einer Art. Dabei ist nicht nur der jeweilige Aufenthaltsort (Habitat) gemeint, sondern das Vorhandensein
aller Voraussetzungen, welche für die Existenz des Tieres oder der Art
notwendig sind.
Diese Voraussetzungen können gegliedert sein in abiotische (physikalische
und chemische Faktoren) und biotische Faktoren die durch lebende Organismen bedingt werden).
Unsere Betrachtungsweise gegenüber dem Maulwurf wird eine verein-
fachende sein, da es schwer, wenn nicht unmöglich ist, für ein Lebewesen alle Faktoren zu eruieren. Der Maulwurf eignet sich für diese Untersuchung insofern, als sein Monotop überschaubar und gut abgrenzbar ist.
Das Datenmaterial wurde einer Dissertation von H. Klein 1967 entnommen.

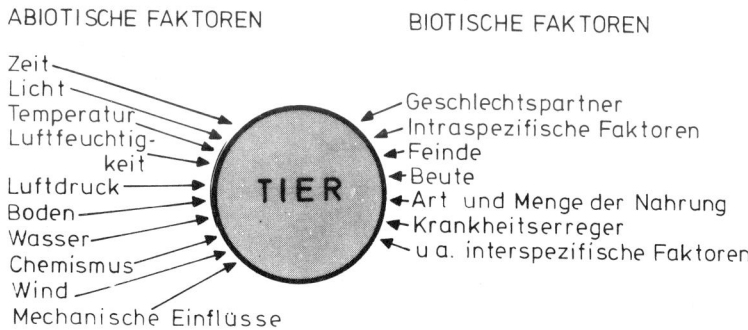

Abb. 85: Faktoren einer tierischen Monotops

19.2.   ANALYSE DER ABIOTISCHEN FAKTOREN IM MONOTOP
          EINES MAULWURFS

Boden
Der Maulwurf benötigt feuchte, krümelige Erde, ohne groben Schotter
und ohne Grundwasser. Da die Gänge einen Durchmesser bis zu 5 cm
haben, muß der Boden eine gewisse Mächtigkeit besitzen und darf nicht
zu nahe der Oberfläche durch Grundwasser oder anstehenden Fels begrenzt werden. Bei zu trockenem Boden wird die Anlage von Gängen erschwert und findet das Tier nicht genügend Wasser.

Licht
In den Gängen herrscht Dauerdunkel ohne Periodizität. Da der Maulwurf
den Bau nur selten verläßt, lebt er praktisch in ständiger Dunkelheit.

Luftfeuchtigkeit
Zu verschiedenen Jahreszeiten gemessen, ergeben sich Werte zwischen
94 und 100 % relative Luftfeuchtigkeit. Damit ist die Luft im Maulwurfs-
bau stets weitgehend mit Wasserdampf gesättigt. Eine Abhängigkeit von
Witterungsfaktoren kann nicht festgestellt werden.

Temperatur
Der Tagesgang der Temperatur ist im Maulwurfsgang sehr ausgeglichen.
Meßbeispiel:

	im Gang	Außentemperatur
Sommerdifferenzen	zw. 10 - 17°C Diff. : 7°C	5, 0 - 31, 0°C Diff. : 26°C
Winterdifferenzen	zw. -2 und +1°C Diff. : 3°C	zw. -13 und + 2, 5°C Diff. : 15°C
Jahresschwankungen	Diff. : 19°C	Diff. : 44°C

Nachdem jedoch derartige Zahlen, wie sie in der Tabelle angegeben sind
sehr stark verallgemeinern, sei noch ein anderes Meßergebnis dargestellt, welches die Temperaturschwankungen an 19 Sommertagen und an
19 Wintertagen sowohl über der Erdoberfläche, wie im Maulwurfsgang
darstellt.
Während der Meßzeit ergaben sich an den 19 Sommertagen über der Erdoberfläche Temperaturschwankungen von 20°C, während gleichzeitig im
Maulwurfsgang nur Differenzen von 5°C auftraten. Insgesamt pendelte
im Sommer die Gangtemperatur um 15°C herum.
Wenn auch die winterlichen Außentemperaturen nicht so hohe Schwankungen wie im Sommer aufwiesen, so waren sie dennoch höher, als die in
den Gängen, wo die Temperatur unterhalb 0°C pendelte.
Die ausgeglichenen Gangtemperaturen legen die Frage nach der Kälte-
und Hitzetoleranz des Maulwurfs nahe. Die kritischen Temperaturen
sind für einen ruhenden Maulwurf nach oben +25°C, nach unten +10°C.
Dies ergibt den außerordentlich geringen Spielraum von nur 15°C. Wie
ist das zu erklären?
Die geringe Hitzetoleranz hängt wohl damit zusammen, daß der Maulwurf eine Überhitzung seines Körpers nicht regulieren kann: ihm fehlen
die Möglichkeiten des Schwitzens, da er keine Schweißdrüsen hat. Ferner
verfügt er nicht über die Möglichkeit seine Haare aktiv zu verstellen, da
er keine Haarmuskeln besitzt. Außerdem hat er nicht die Möglichkeit,
die Blutzirkulation an der Peripherie seines Körpers entsprechend zu
regulieren. Das einzige, was das Tier tun kann, ist die Vermeidung
Körperwärme zu erzeugen. Die Tiere bewegen sich bei etwa 28°C Umgebungstemperatur nicht mehr und nehmen keine Nahrung mehr auf.
Hält die hohe Temperatur weiter an, dann sterben sie.

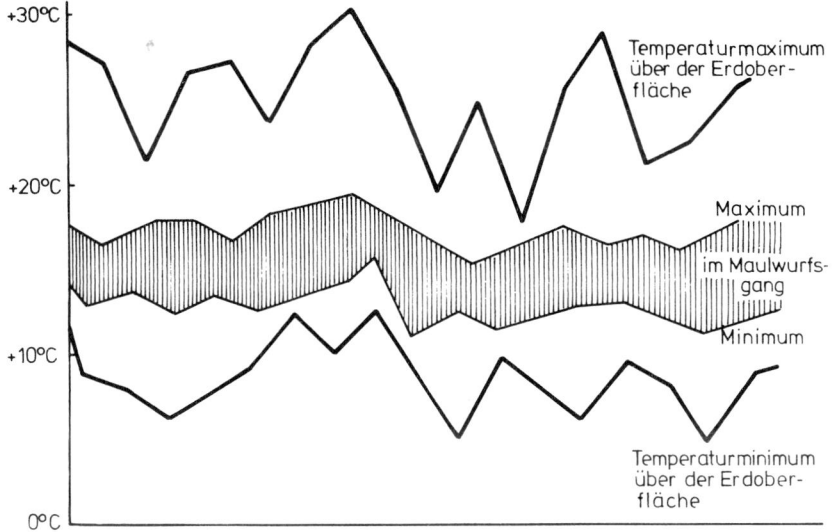

+30°C

Temperaturmaximum
über der Erdober-
fläche

+20°C

Maximum

im Maulwurfs-
gang

Minimum

+10°C

Temperaturminimum
über der Erdober-
fläche

0°C

Temperaturminima und -maxima an 19 Sommertagen

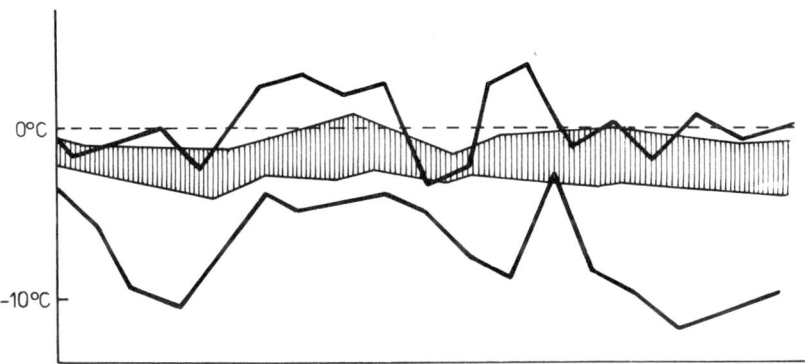

0°C

-10°C

Temperaturminima und -maxima an 19 Wintertagen

Abb. 86: Die Temperaturen über der Erdoberfläche und in einem, von
7 cm Erde bedecktem Maulwurfsgang. (n. Klein, H. 1967 vereinfacht.)

Die geringe Kältetoleranz kann ähnlich erklärt werden. Da weder Haar-
veränderungen noch Durchblutungsveränderungen in der Haut zum Zweck
der Temperaturregulierung stattfinden, bleibt nichts anderes übrig, als
von innen her einzuheizen. Sinkt die Umgebungstemperatur nur auf 10°C
ab, so steigt der Ruhestoffwechsel bereits auf das 4-fache des Minimal-
wertes an. Kybernetisch ausgedrückt könnte man sagen: Der Maulwurf
verfügt nur über sehr wenige Stellglieder mit denen er innerhalb des
Regelkreises der Temperaturregulierung tätig werden könnte.
Das Gesagte gilt jeweils für ruhende Tiere. Die relativ niedrigen Winter-
temperaturen in den Gängen werden nur dadurch ertragen, daß sich das
Tier lebhaft bewegt und dadurch Muskelwärme erzeugt.
Im Nest, wo der Maulwurf ausruht, sinkt die Temperatur nicht so tief
ab.
Zusammenfassend kann gesagt werden: Der Maulwurf besitzt eine geringe
ökologische Potenz im Temperaturbereich; er ist stenotherm.
Auf den Faktor Temperatur bezogen würde das heißen:Die ökologische
Valenz des Faktors Temperatur ist für den Maulwurf sehr gering,(stenova-
lent). Will man diesen Sachverhalt in einer Graphik ausdrücken, stellt sich
immer die Schwierigkeit, welche Daten auf der Ordinate angegeben werden sollen, wenn auf der Abszisse die Temperaturen aufgetragen werden.
Wie soll z. B. die Vitalität oder Lebensfähigkeit eines Tieres gemessen
werden um dann diese Meßdaten in die Ordinate eintragen zu können? In
den meisten derartigen Fällen wird die Summe allgemeiner Eindrücke des
Beobachters genommen, der aus seiner Erfahrung im Umgang mit dem
Tier dann zu sagen versucht, wann das Tier mehr oder weniger vital ist.
Die Extremzustände sind weitgehend klar; aber man muß bei Optimumskurven immer bedenken, daß die Bereiche zwischen den Extremen
und dem hypothetischen Optimum Extrapolationen sind.

Eine weitere Schwierigkeit für die Aufstellung derartiger Kurven liegt
darin, daß es eine zu starke Abstraktion bedeuten kann, wenn ein Mono-
topfaktor für sich alleine betrachtet wird. Viele der Faktoren hängen kau-
sal zusammen und ändern sich entsprechend wenn ein Faktor verändert
wird. Es ist daher oft schwer, wenn nicht unmöglich, herauszufinden,
ob die Veränderung am Organismus (Tier oder Pflanze) z. B. auf dem
Faktor Temperaturveränderung oder dem gleichzeitig auftretenden Faktor Luftfeuchtigkeitsveränderung zurückzuführen ist. Vielleicht ist in
dieser Hinsicht gerade der Maulwurf ein günstiges Objekt, weil die einzelnen Faktoren doch relativ gut zu überschauen sind.
Unter derart kritischer Betrachtung haben dann Kurven, wie in Abb. 87
durchaus ihren Sinn.

Wenn der Maulwurf nun keine Möglichkeiten hat, wie andere homoiotherme
Tiere durch entsprechende physiologische Stellglieder seine Körpertem-
peratur zu regulieren, muß er dies durch ein entsprechendes Verhaltensrepertoire ausgleichen.

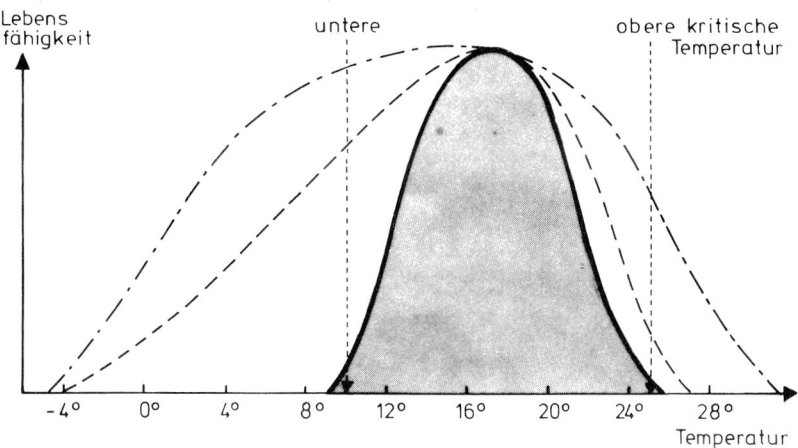

Die Bedeutung des Faktors Temperatur für den Maulwurf

━━━━━━ Temperaturpotenz in Ruhe (stenotherm)
── ── ── Temperaturpotenz in Bewegung
──·──·── Theoretisches Beispiel für ein Tier mit eurythermer Potenz

Abb. 87: Die Bedeutung des Faktors Temperatur für den Maulwurf

Verhaltensreaktionen bei Abkühlung der Umgebungstemperatur:

1. Steht kein Nest zur Verfügung, dann erfolgen schon bei
   12°C lang anhaltende Aktivitätsschübe, d. h. er heizt durch
   Muskelbewegungen ein. Schläft er aber bei dieser Temperatur etwa wegen Ermüdung ein, dann stirbt er bald an Unter-
   kühlung.
2. Wesentlich scheint demnach der Nestbau zu sein.
   Bei 4°C Außentemperaturen wurden in Nestern $19 - 23^{\circ}$ gemessen. Das Nest isoliert mit seinem trockenen Gras
   1,5 mal besser als das Fell. Das heißt, der Maulwurf
   spart im Nest 50 - 60 % der Energie, die er ohne Nest
   beim Schlafen verbrauchen würde.
3. Durch verschiedene Schlafstellungen kann die Körper-
   temperatur beeinflußt werden. Je kälter es ist, desto stärker
   rollt sich der Maulwurf ein und desto weniger Wärme gibt er
   dadurch nach außen ab (Verringerung der Körperoberfläche
   zur Umgebung hin).
4. Bei anhaltender Winterkälte werden die Erdhügel über den
   Nestern erhöht oder auch der Bau tiefer gelegt, wodurch
   die thermische Isolation erhöht wird.

Reaktionen bei Hitze

1. Zunächst verfügt der Maulwurf über die Möglichkeit, den
   Eingeweidestoffwechsel dann herabzusetzen, wenn durch
   starke Bewegung die Gefahr einer Hyperthermie entsteht.

Der Betrag um den dabei die Wärmeerzeugung gedrosselt
wird, entspricht etwa dem Wärmebetrag, der durch die
Muskelbewegungen entsteht.

2. Bei starker Erhitzung des Gangsystems kommt eine Um-
siedlung in Frage. Dann weicht das Tier in ein anderes Gebiet
aus, z. B. auf einen kühleren Nordhang.

Die Zeit

Nachdem in der Umwelt des Maulwurfs Licht- und Temperaturschwankungen als Zeitgeber wegfallen, ist es nicht verwunderlich, wenn er
über keine circadiane 24-Stunden Rhythmik verfügt. Seine Aktivitätsschübe verteilen sich in 3 - 4 Stunden-Wechsel über Tag und Nacht.

19. 3.   BIOTISCHE FAKTOREN BEIM MAULWURF

Geschlechtspartner
Die Brunftzeit dauert von Anfang April bis Juni, mit Maximum im April.
Über Verhaltensweisen in dieser Zeit ist wenig bekannt. Männchen und
Weibchen sind nur schwer zu unterscheiden. Nach 3-wöchiger Tragzeit
werden 3 - 7 Nesthocker geboren.

Intraspezifische Faktoren (= innerartliche Faktoren)
Früher hielt man den Maulwurf für völlig unverträglich unter seines-
gleichen. Heute ist man da vorsichtiger geworden, nachdem man heraus-
gefunden hat, daß sich Reviere überlappen können und einzelne Gänge von
mehreren Tieren verwendet werden können. Vielleicht werden durch
unterschiedliche Aktivitätsperioden Begegnungen vermieden. Über ge-
meinsame Verhaltensweisen ist nichts bekannt.

Feinde
Feinde kommen eigentlich nur über der Erde in Frage (Greifvögel,
Krähen, Füchse, Hunde, Katzen, Marder). Da der Maulwurf jedoch
nur selten sein Gangsystem verläßt, dürfte der Tod durch Feinde wesentlich seltener als der Alterstod sein.

Krankheitserreger
Darüber ist kaum etwas bekannt.

Beute, Art und Menge der Nahrung
Der Nahrungserwerb erfolgt durch regelmäßiges Absuchen der Fang-
gänge und Durchwühlen des Erdreichs. Flüssigkeiten werden mit der
Zunge getrunken.
Die Nahrungsmenge beträgt innerhalb von 24 Stunden durchschnittlich
120 g, bei 100 g Eigengewicht. 12 Stunden Hungerzeit sind gerade noch
möglich. Als kleines Tier hat er einen hohen Energieverbrauch.
Beutetiere sind in erster Linie Regenwürmer. Daneben kommen aber
auch Insekten, Spinnen, Tausendfüßler, Lurche, Reptilien, Mäuse in
Frage, wogegen Engerlinge entgegen der allgemeinen Lehrmeinung
weitgehend gemieden werden.

19.4. ALLGEMEINE ERGEBNISSE

Der Boden ist für einen Säuger ein extremer Lebensraum. Im Zuge der
Einnischung wird aber im Laufe der Evolution auch dieser Raum erobert,
was jedoch nur auf Kosten hoher Spezialisierung geht. (Auf die Anatomie
des Maulwurfs kann hier nicht eingegangen werden).
Die Vorteile, welche der Boden als Lebensraum bietet, bestehen in der
Konkurrenzlosigkeit hinsichtlich des Nahrungserwerbs und dem Schutz
vor Feinden.
Nachteile sind: geringe Körpergröße und damit verbunden hoher Grund-
umsatz; gewaltiger Kräfteverbrauch durch ständige Wühlarbeit, frühzei-
tige Abnutzungserscheinungen und geringe Lebenserwartung, Abhängigkeit von jahreszeitlichen Bodenverhältnissen (Einfrieren, Wanderungen
der Regenwürmer im Winter). Eine dem Boden angepaßte Stenothermie
wird durch variables Verhaltensrepertoire ausgeglichen.
So bedingt der Lebensraum einen bestimmten Körperbau und entsprechende Verhaltensweisen, welche ihrerseits durch die genetischen Informationen vorgezeichnet sind.
Die genetischen Informationen ihrerseits bestimmen innerhalb der Variationsbreite für Modifikationen den Körperbau, und innerhalb der Variationsbreite für Lernen das Verhalten.

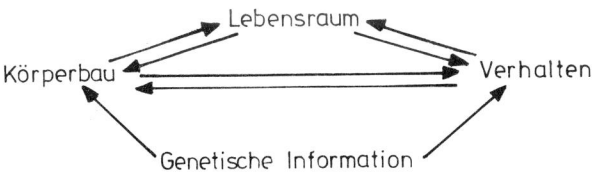

Innerhalb der Wiese, als einem künstlichen Ökosystem, wird der Maulwurf als Schädling betrachtet und entsprechend bekämpft.
Zwar vertilgt er Schadinsekten, aber auch viele Nützlinge, vor allem die
dringend nötigen Regenwürmer. Der eigentliche Schaden für die Landwirtschaft besteht darin, daß der Maulwurf durch seine Wühltätigkeit,
verbunden mit der Aufhäufung von Erde, die Erntearbeit erschwert und
sowohl Zeitverluste wie Beschädigungen der Arbeitsgeräte verursacht.
Darüberhinaus wird an Maulwurfshaufen die Pflanzendecke unterbrochen
und im Bereich der Gänge werden die Untergräser geschädigt oder zerstört. Als Folgeerscheinung tritt an diesen Stellen Verunkrautung auf.
Die ausgedehnten Gangsysteme bieten Unterschlupf für andere Schädlinge
(Feldmäuse, Wühlmäuse). Der Maulwurf wird daher auch als Schritt-
macher der Wühlmäuse bezeichnet (synökologische Beziehungen).

20.   DIE REGENWÜRMER DER WIESE

Im Mitteleuropäischen Grünland (Wiese und Weide) leben etwa 10 - 15
Arten von Regenwürmern. Nach ihrer Farbe lassen sich die rotpigmen-
tierten Gattungen Lumbricus, Dendrobaena und Eisenia welche hauptsächlich in der oberen Streu- und Humusschicht leben, von den grau bis
grünlichen Gattungen Allolobophora, Octolasium und Eiseniella unterscheiden. Nach Arten geordnet lassen sich deutliche horizontale Schich-
tungen der Lumbriciden im Wiesenboden nachweisen.
Im Grünland rechnet man mit 5 - 12 Millionen Regenwürmern pro ha.
Ihre Biomasse wird mit 1 000 bis 4 000 kg/ha angegeben, was 3 Kühen/ha
entspricht mit 2 000 kg Gesamtgewicht. Höhere Werte sind bekannt.

20. 1.   ABIOTISCHE FAKTOREN

Feuchtigkeit

Der kritische Minimalgehalt an Bodenfeuchtigkeit liegt für Regenwürmer
bei 30 - 35 Vol. %. Sinkt der Gehalt weiter ab, kommt es zur Abnahme
der Lumbricidenfauna. Der Wassergehalt eines Wurmkörpers ist sehr
hoch (80 - 84 Gewichtsprozent). Zwar können Regenwürmer den Verlust
von 50 % des Körperwassers noch überleben, aber trockener Boden von
nur 20 % Wassergehalt wirkt für die meisten Arten tödlich. Im Gegensatz
dazu ertragen die Tiere Überschwemmungen wochenlang, soweit nur
genügend Sauerstoff vorhanden ist.

Temperatur

Bei frühen Herbstfrösten erweisen sich Temperaturen um 0°C als tödlich,
nicht jedoch im Winter, wo auch Temperaturen unter Null ertragen werden
können.
Obere kritische Bereiche dürften bei etwa 23°C liegen, weil ab dieser
Temperatur Umkehrreaktionen zu kühleren Gegenden erfolgen. Höhere
Temperaturen führen zum Tod. Am gefährlichsten sind hohe oder tiefe
Temperaturen im Zusammenhang mit Trockenheit. Bei Eintreten ungünsti-
ger Umweltbedingungen reagieren die Regenwürmer durch Ausweichver-
halten, was in der Regel Abwandern in tiefere Regionen bedeutet.

CO_2-Resistenz

Die Frage, warum Regenwürmer bei Regen den Boden verlassen (Name)
ist immer noch nicht eindeutig geklärt. Eine Annahme geht dahin, daß es
infolge der Nässe zu einem Stau des von den Mikroorganismen entwickelten CO_2 komme und entweder die dadurch bedingte Veränderung des pH-
Wertes oder eine geringe CO_2-Resistenz die Fluchtreaktion veranlassen
könnte. Versuche ergaben, daß Lumbricus terrestris und Eisenis foetida
zwar eine höhere CO_2-Resistenz zeigen als Enchytraeiden oder Oberflä-
chen-Insekten, jedoch eine geringere haben als Engerlinge und Drahtwürmer, welche in der Erde leben. Begast man Regenwürmer mit CO_2, dann
hüllen sie sich in eine Schleimschicht ein.

156

Bodenart

Die Bodenarten mit ihren unterschiedlichen pH-Werten bewirken eine
Artenauswahl nach der Säureempfindlichkeit:
Lumbricus- und Octolasius-Arten zeigen keine Beziehung zum pH-Wert;

Allolobophora-Arten sind säureintolerant;
Dendrobaena-Arten sind säureliebend bis säuretolerant.

Salzwasser

Salzwasser gegenüber sind Regenwürmer sehr empfindlich, weshalb
sie im Vorland der Deiche fehlen.

20. 2.   BIOTISCHE FAKTOREN

Feinde

Die Zahl der Regenwurmfeinde ist übergroß. Maulwurf, Spitzmäuse,
Krähe, Amsel, Star, Kiebitz, Kröten, viele Insekten u. s. w. Hinzu
kommen noch Endo- und Ektoparasiten.

Ökologische Schlüsselstellung

Regenwürmer, welche hauptsächlich von Erde, ihren Mikroorganismen
und Fäulnisprodukten leben, erschließen diese extremen Nahrungsnischen
für eine Unzahl von Tieren, welche von sich aus damit nichts anfangen
könnten. (Abb.88, Seite 158)

20. 3.   BODENBIOLOGISCHE BEDEUTUNG DER REGENWÜRMER

20. 3. 1. Die Gangsysteme

Ein Regenwurm legt meist viele Gänge an, die mit Schleim und Wurm-
losung ausgekleidet und dadurch auch haltbar gemacht sind. Ein dichter
Wurzelfilz durchzieht in der Regel diese Wandverkleidung. In den oberen
Bodenschichten verlaufen die Gänge hauptsächlich waagerecht. Größere
Arten, welche bis zu 1, 5 m tief in den Boden und Unterboden eindringen,
machen das mit senkrechten Röhren. Sie erhöhen dadurch die so wichtige Luft- und Wasserzirkulation im Boden. Besondere Bedeutung hat in
diesem Sinn die Durchporung des Unterbodens. Sie ermöglicht vielen
Pflanzen erst die Durchwurzelung der tieferen Bereiche.

20. 3. 2. Der Wurmkot

Schon Darwin stellte Berechnungen darüber auf, wieviel Kot die Regenwürmer pro ha im Jahr auf der Erdoberfläche absetzen. Er kam auf
17, 5 - 45 t/ha. Neuere Untersuchungen in verschiedenen Gegenden der
Erde differenzierten dieses Ergebnis:

Untersuchte Böden	kg Regenwurmkrümel/ha/Jahr
Steppenheide untere Oder	600 - 700
Sandboden im Saarland	2 400 - 4 400
Grasland in England	300 - 6 000
Äcker u. Wiesen, Schweiz	2 000 - 8 000
Bergsavanne Kamerun	21 000

Dabei ergeben 4 000 - 5 000 kg Krümel/ha/Jahr in gleichmäßiger Verteilung auf der Hektaroberfläche eine Schicht von 3 mm Dicke. Der Absatz erfolgt während Aktivitätsperioden; in Mitteleuropa besonders im Herbst und Frühjahr.
Die ökologische Wirkung dieser Absatzprodukte ist eine vielfältige.

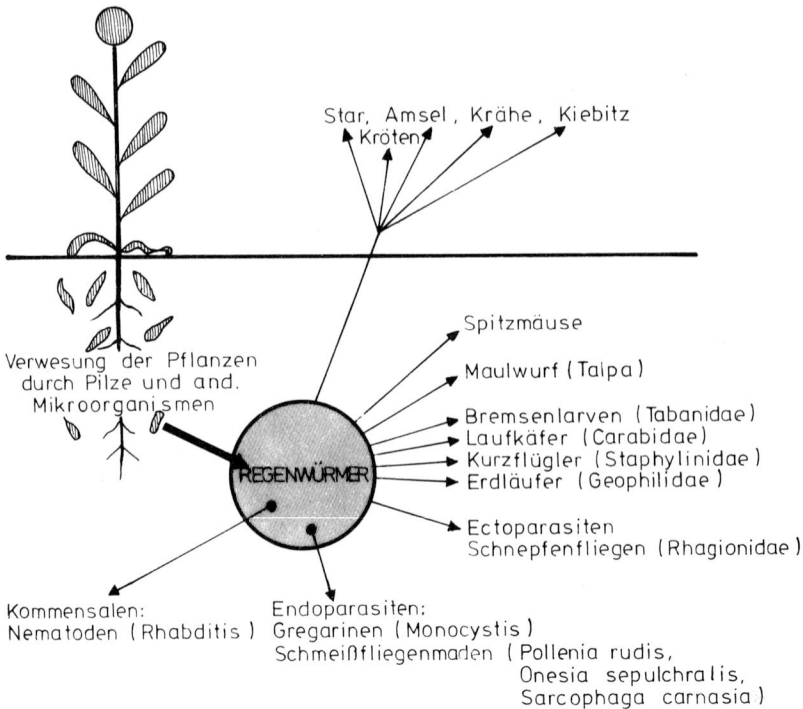

Abb. 88: Die ökologische Schlüsselstellung der Regenwürmer

Gefressen werden von den Würmern abgestorbene Pflanzenteile und humusreiche Erde mit Detritus, Bakterien, Algen, Pilzen, Pilzsporen, Nematoden, Protozoen.
Im Wurmdarm finden verschiedene Veränderungen statt:
Durch Zerreibung wird die Erde meistens verfeinert.
Kalkdrüsen des Schlundes bewirken pH-Veränderungen zum Neutralen hin.
Durch den Schleim mitgefressener Mikroben kommt es zur Verkittung der Teilchen.
Viele Mikroben werden positiv beeinflußt.
Von Pflanzenrückständen abgeschiedene Hemmstoffe werden durch die Verdauung beseitigt.
Die entstandenen Krümel können mehr Wasser speichern als die Umgebung.
Der Boden wird umgeschichtet und durchmischt.
Durch die innige Vermengung der Mineralpartikel mit organischen Substanzen im Darm vieler Regenwurmarten, entstehen stabile Ton-Humus-Komplexe, welche einen wertvollen Humusbestandteil darstellen.

21. ENERGIEHAUSHALT IN DER WIESE

Von den vielen Möglichkeiten, den Energiefluß in einer Wiese darzustellen, werden in diesem Kapitel einige aufgezeigt.

21.1. DER ENERGIEHAUSHALT DER ERDOBERFLÄCHE

Aus welchen Quellen bezieht die Erdoberfläche Energie?
Die Erdoberfläche hat eine Größe von $510 \cdot 10^{12}$ m^2.
Durch die Sonneneinstrahlung treffen $1,73 \cdot 10^{17}$ Watt auf einen m^2.
Demgegenüber sind die Energiebeträge, welche aus dem Erdinnern stammen relativ gering. Aus tausenden von Messungen auf dem Land wie auf dem Meeresboden ergab sich ein Betrag von etwa $0,063$ Watt/m^2 an Energiefluß vom Erdinnern zur Oberfläche. Für die Gesamterdoberfläche macht das $32 \cdot 10^{12}$ Watt aus.
Die Energie, welche durch heiße Quellen und Vulkane geliefert wird, schätzt man auf $0,3 \cdot 10^{12}$ Watt. Auch die Anziehungskräfte von Sonne und Mond liefern Energie in Form der Gezeiten. Ihre Gesamtenergie wird mit $3 \cdot 10^{12}$ Watt angegeben.
Der gesamte Energiestrom, welcher damit die Erdoberfläche versorgt ergibt sich aus der Summe der Teilflüsse:

Sonneneinstrahlung	$173\,000 \cdot 10^{12}$	Watt
Erdwärme	$32 \cdot 10^{12}$	"
Vulkane, heiße Quellen	$0,3 \cdot 10^{12}$	"
Gezeiten	$3 \cdot 10^{12}$	"
Summe	$173\,035 \cdot 10^{12}$	Watt

Davon macht also die Sonneneinstrahlung $99,98$ % aus.

21.2 WAS GESCHIEHT MIT DER EINGESTRAHLTEN SONNEN-ENERGIE?

Wird die gesamte Erdoberfläche in Betracht gezogen, erkennt man deutlich, daß der größte Teil der Energie durch Reflexion und Umwandlung in Wärmeenergie "verloren" geht (77 %). Etwa 23 % werden bei Verdunstung und Niederschlägen verbraucht und sind damit im Wasser und Eis gebunden. Damit wären eigentlich schon 100 % erreicht. So bleiben nur einige Größenordnungen hinter dem Komma übrig für Winde, Wellen und Strömungen, und schließlich ein verschwindend geringer Teil von $0,023\% = 40 \cdot 10^{12}$ Watt an Energie, welche durch Photosynthese in den Pflanzen gebunden wird. In der Abb. 89 wird dieser Gesamthaushalt veranschaulicht.

21.3. WAS GESCHIEHT MIT DER DURCH PHOTOSYNTHESE GEWONNENEN ENERGIE IN DER WIESE?

Ein Teil der Energie tritt den Weg durch die Nahrungsketten an, ein weiterer Teil bleibt zunächst in den toten Substanzen gebunden bis auch diese in die Nahrungsketten - insbesondere des Edaphons einfließen. Innerhalb der Pflanzen selbst, sowie der Nahrungsketten wird die gebundene Energie infolge der Dissimilation (Veratmung) nach den Gesetzen der Entropie in Formen überführt, welche für die Lebewesen nicht mehr verfügbar sind.

21.4. ENERGIEFLUSS DURCH DIE BIOZÖNOSE EINES ÖKOSYSTEMS

Aus dem Gesagten ergibt sich ein vermaschter Energiefluß, der von den Primärproduzenten ausgeht und über Herbivoren (Pflanzenfresser), zu Carnivoren (Fleischfresser) und zu den Destruenten (Zersetzern) führt.

21.5. ENERGIEFLUSS IM KÜNSTLICHEN ÖKOSYSTEM DER WIESE

Eine Wiese, als künstliches Ökosystem ist weitgehend dadurch bedingt, welche Eingriffe der Mensch an ihr vollzieht. Dadurch dürfen wir sie nicht isoliert für sich betrachten, sondern müssen sie in die vom Menschen gesteuerten Energieflüsse mit einbeziehen.

Abb. 89, Seite 161: Verteilung der Sonneneinstrahlung auf der Erde (Zahlen aus Scient. Am. 1971, H.9)

Abb. 90, Seite 162: Was geschieht mit der durch Photosynthese gewonnenen Energie in der Wiese

Abb. 91, Seite 163: Energiefluß durch die Biozönose eines Ökosystems

Abb. 92, Seite 163: Energiefluß im künstlichen Ökosystem Wiese

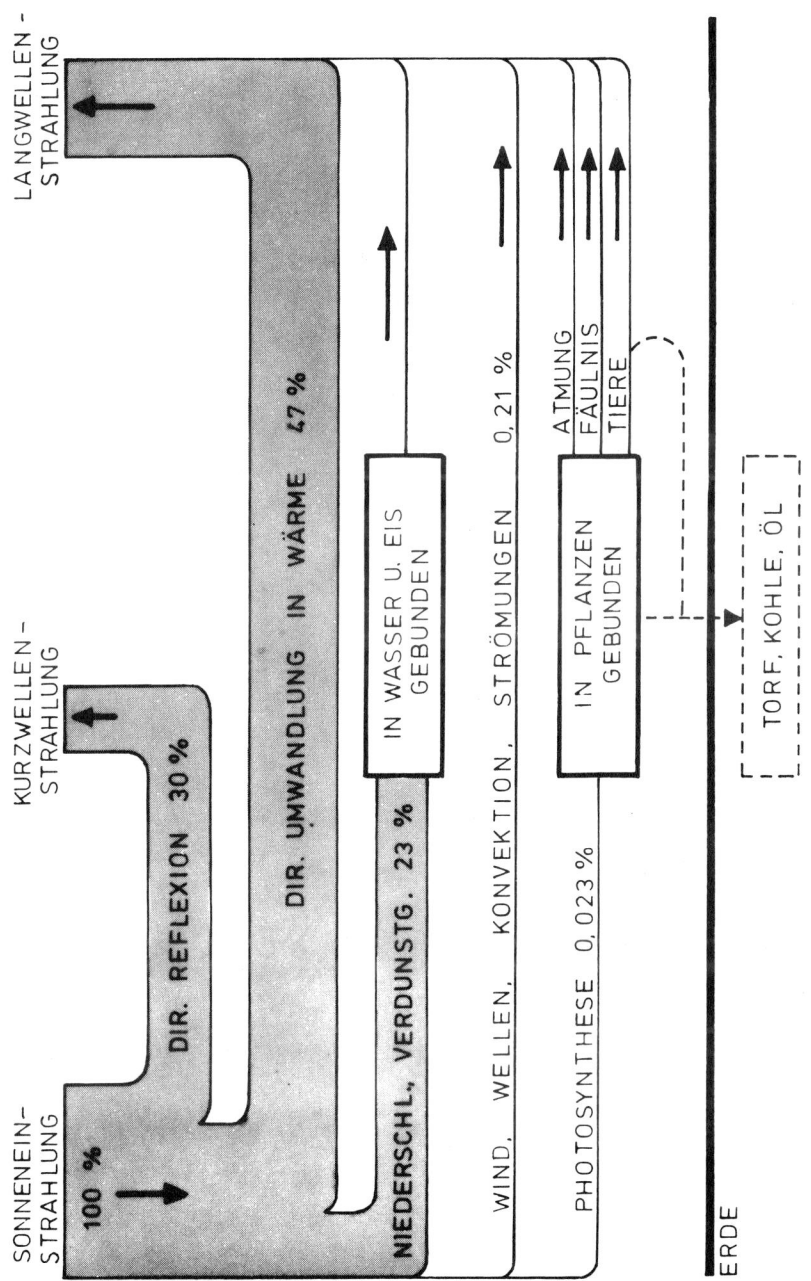

SONNENEIN-
STRAHLUNG

100 %

KURZWELLEN -
STRAHLUNG

DIR. REFLEXION 30 %

LANGWELLEN -
STRAHLUNG

DIR. UMWANDLUNG IN WÄRME 47 %

NIEDERSCHL., VERDUNSTG. 23 %

IN WASSER U. EIS
GEBUNDEN

WIND, WELLEN, KONVEKTION, STRÖMUNGEN   0,21 %

PHOTOSYNTHESE 0,023 %

IN PFLANZEN
GEBUNDEN

ATMUNG
FÄULNIS
TIERE

TORF, KOHLE, ÖL

ERDE

161

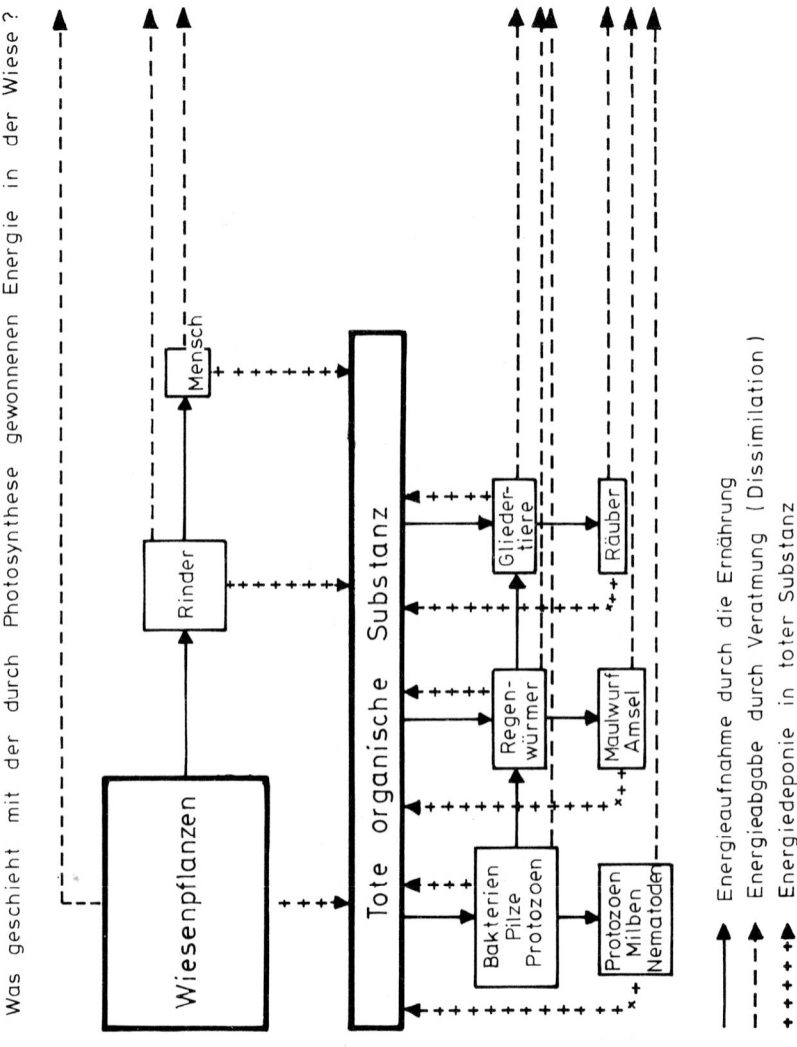

Veratmung

Was geschieht mit der durch Photosynthese gewonnenen Energie in der Wiese?

Wiesenpflanzen

Rinder

Mensch

Tote organische Substanz

Bakterien Pilze Protozoen

Regen- würmer

Gliedertiere

Protozoen Milben Nematoden

Maulwurf Amsel

Räuber

Energieaufnahme durch die Ernährung

Energieabgabe durch Veratmung (Dissimilation)

Energiedeponie in toter Substanz

162

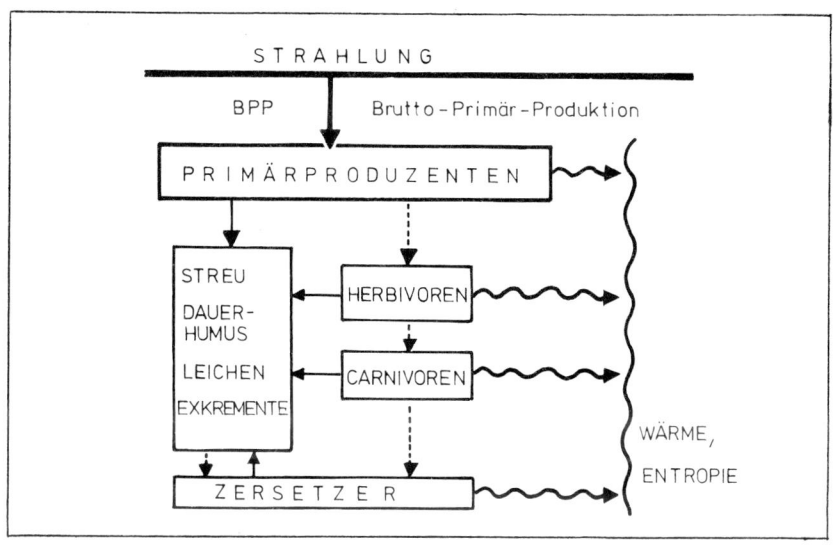

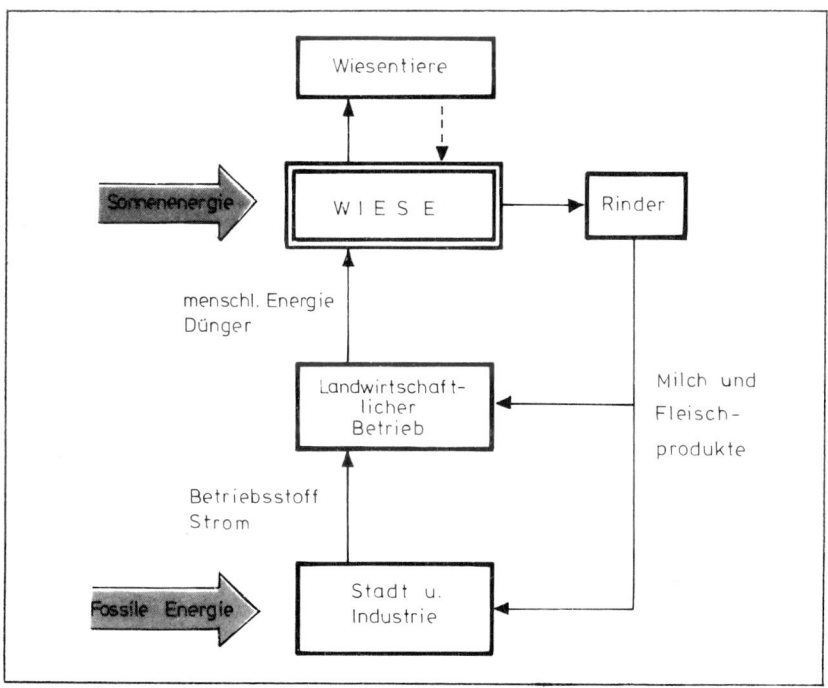

Am Ende kann man noch die Frage stellen, wie groß ist der Anteil der
vom Menschen genutzten Nettoprimärproduktion?
ELLENBERG und seine Schule konnten im Solling-Projekt Vergleichs-
zahlen eruieren, die jedoch nur für die oberirdische NPP gilt.
Es ist außerordentlich schwer, exaktes Zahlenmaterial auch für die
unterirdische Produktion zu erstellen.
Im Solling-Projekt hat die Wiese mit nur 48 % der vom Menschen genutzten oberirdischen NPP gegenüber dem Acker mit 87% und dem Buchen-
wald mit 66 % sowie dem Fichtenwald mit 61% am ungünstigsten abge-
schnitten.

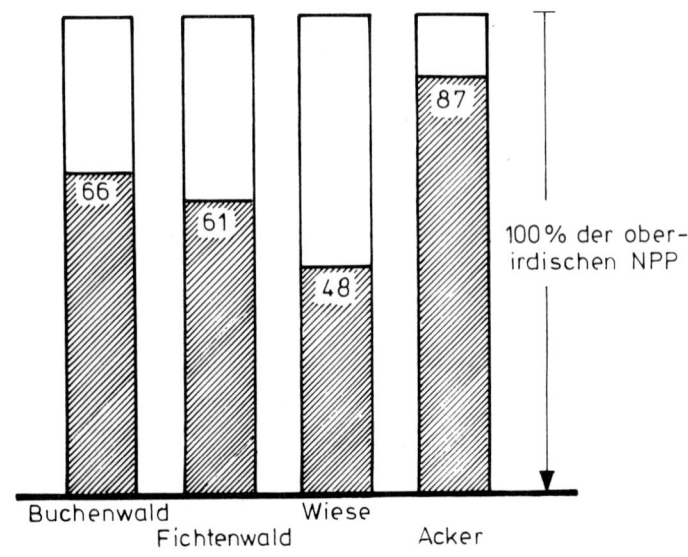

Abb. 93: Vom Menschen genutzter Anteil in Prozent der Nettoprimärproduktion NPP. (Beispiel Solling-Projekt, Durchschnitts-
werte n. Runge aus Ellenberg 1973)

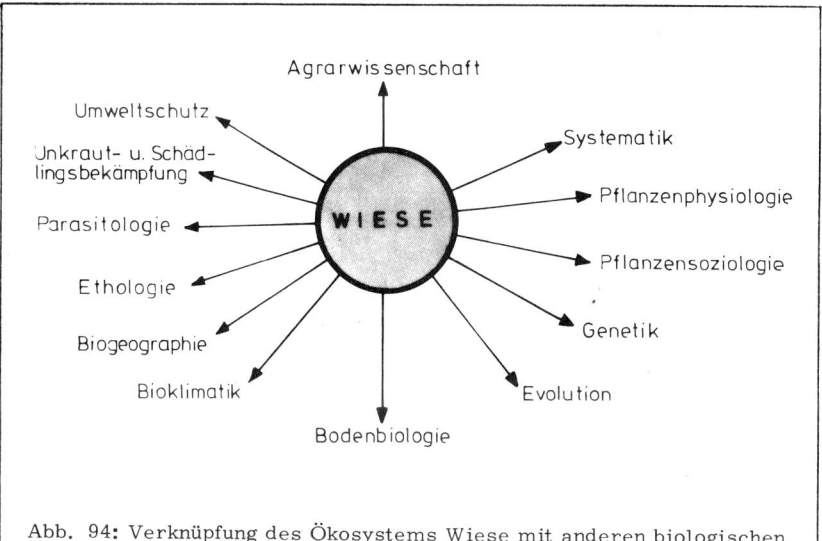

Abb. 94: Verknüpfung des Ökosystems Wiese mit anderen biologischen
Wissenschaften und Problemkreisen

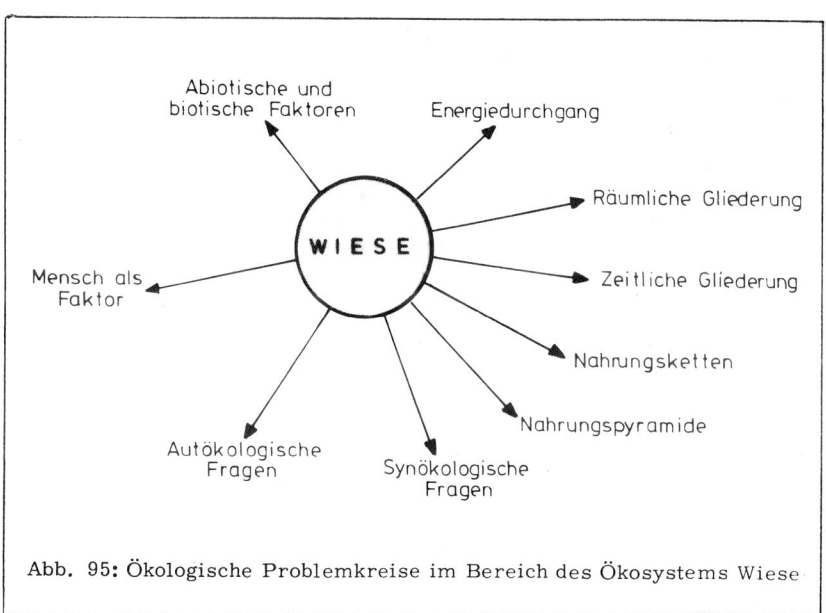

Abb. 95: Ökologische Problemkreise im Bereich des Ökosystems Wiese

FILM UND BILDMATERIAL

Zur Ökologie der Wiese stehen aus dem Institut für Film und Bild, FWU (8022 Grünwald, Bavaria Film Platz 3) folgende Materialien zur Verfügung:

Diareihen

10 2455	Die Wiese im Jahresablauf
10 2456	Tiere der Wiese
10 0978	Bestäubung der Salbeiblüte
10 0792	Mikroorganismen im Boden
10 0715	Der Maikäfer
10 2035	Maikäfer-Entwicklung
10 2367	Schädlinge und Schädlingsvermehrung
10 2368	Probleme chemischer Schädlingsbekämpfung
10 2369	Biologische Schädlingsbekämpfung
10 2370	Populationsdynamik von Schädlingen

s - 8 - Filme

36 0237	Doldenblütler mit verschiedenen Insektenarten
36 0235	Glockenblume mit Honigbiene
36 0234	Taglichtnelke mit Zitronenfalter
36 0236	Wiesensalbei und Erdhummel
36 0440	Der Regenwurm: Paarungsverhalten
36 0438	Der Regenwurm: Schlüpfen und Fortbewegung
36 0523	Rinderherde auf der Weide
36 0528	Das Hausrind: Verhalten am Elektrozaun

16 mm Filme

32 2265	Das große Gleichgewicht 1: Das Beste aber ist das Wasser
32 2266	Das große Gleichgewicht 2: Kein Leben ohne Luft
32 2146	Leben im Boden
32 0951	Der Maulwurf
32 2431	Der Regenwurm
32 0468	Wiesensommer
32 2464	Rinderherde auf der Weide
32 2025	Milchwirtschaft im Allgäu

LITERATURVERZEICHNIS

ALTENKIRCH, W. (1977): Ökologie. Frankfurt a.M.

BERTSCH, K. (1947): Die Wiese als Lebensgemeinschaft. Ravensburg.

BLV (1972): Die Landwirtschaft. Bd. 1. Pflanzliche Erzeugung;
Teil B, Spezielle pflanzliche Erzeugung, München.

BONESS, M. (1953): Die Fauna der Wiesen unter besonderer Berück-
sichtigung der Mahd. Z. Morph. u. Ökol. Tiere 42; 255 - 277.

BONESS, M. (1958): Biocoenotische Untersuchungen über die Tierwelt
von Klee- und Luzernefeldern. Z. Morph. u. Ökol. Tiere. 47; 309 - 373.

BÜDEL, A. (1958): Das Mikroklima der Blüten in Bodennähe.
Z.f. Bienenforschung 4; 131 - 140.

BUHL, C.u. SCHÜTTE, F. (1971): Prognose wichtiger Pflanzenschäd-
linge in der Landwirtschaft. Hamburg - Berlin.

DAUMER, K. (1975): Klassische und Molekulargenetik. In: Hdb. d. pr.
u. exp. Schulbiologie. Bd. III. Köln.

ECKLOFF, W. (1978): Wechselbeziehungen zwischen Pflanzenläusen
und Ameisen. Biol. i. u. Zeit, 8. 1978 H.2.

EICHLER, W. (Hrsgb.) (1965): Handbuch der Insektizidkunde. Berlin.

ELLENBERG, H. (1952): Wiesen und Weiden und ihre standörtliche
Bewertung. Stuttgart.

ELLENBERG, H. (1973): Ökosystemforschung. Berlin.

FRANZ, H. (1950): Bodenzoologie als Grundlage der Bodenpflege. Berlin.

FRANZ, J.M. u. KRIEG, A. (1972): Biologische Schädlingsbekämpfung.
Berlin - Hamburg.

GATES, D.M. (1971): The Flow of Energy in the Biosphere. Scient.
American 1971; H.9.

GEIGER, R. (1961): Das Klima der bodennahen Luftschicht. Braunschweig.

HEGI, G.: Illustrierte Flora von Mitteleuropa. München.

HUBBERT, M.K. (1971): The Energy Resources of the Earth. Scient.
American 1971; H.9.

JACOBS, W. u. RENNER, M. (1974): Taschenlexikon zur Biologie der
Insekten. Stuttgart.

KIECHLE, H. (1976): Schädlingsbekämpfung. FWU, Grünwald.

KLEIN, H. (1967): Untersuchungen zur Ökologie und zu verhaltens- und
stoffwechselphysiologischen Anpassungen von Talpa europaea L. an das
Mikroklima seines Baues. Diss. Tübingen.

KLAPP, E. (1971): Wiesen und Weiden. Berlin - Hamburg.

KNAPP, R. (1967): Experimentelle Soziologie. Stuttgart.

KNAPP, R. (1971): Einführung in die Pflanzensoziologie. Stuttgart.

KURT, F. (1968): Das Reh. Mammalia depicta. Berlin - Hamburg.

LARCHER, W. (1973): Ökologie der Pflanzen. UTB, Stuttgart.

MEADOWS, D. (1972): Die Grenzen des Wachstums. Stuttgart.

MAIER - BODE, H. (1971): Herbizide und ihre Rückstände, Stuttgart.

REESE, G. (1961): Geobotanische Bedeutung der Chromosomenzahlen und Chromosomenstruktur. Nat. Rdsch. 14; 140 - 145.

SCHREMMER, F. (1949): Die Wiese als Lebensgemeinschaft. Sammlg. Biol. 7; Wien.

SCHWERDTFEGER, F. (1963): Ökologie der Tiere; Autökologie. Hamburg - Berlin.

STUGREN, B. (1972): Grundlagen der allgemeinen Ökologie. Jena.

TISCHLER, G. u. WULF, H. (1963): Angewandte Pflanzenkaryologie. Hdb. d. Pflanzenanatomie, (Erg. Bd.), Berlin.

TISCHLER, W. (1955): Synökologie der Landtiere. Stuttgart.

TISCHLER, W. (1965): Agrarökologie. Jena.

WALTER, H. (1951): Grundlagen der Pflanzenverbreitung; 1. Teil: Standortslehre. Stuttgart.

WILMANNS, O. (1973): Ökologische Pflanzensoziologie. UTB, Heidelberg.

STICHWORTVERZEICHNIS

A

170

Frösche 110

Frühlingskrokus 100 ff

G

Galiusoga parviflora 57

Galium aparina 55

Gallinsekten 111

Gänseblümchen 92

Gänsedistel 54

Gänsefuß 54

Gartenrasen 88

Gastropoda 114, 116

Geruchgras 103 ff

Geruchspflanzen 57

Giftpflanzen 57

Glatthafer 49, 51, 88, 105

Glatthafer-Gruppe 79

Glatthaferwiese 80, 95,

Globalstrahlung 20

Goldhafer 49

Goldhaferwiese 80

Gräser, Mahd 103

Greifvögel 136 ff

Grundwasser 35 ff

Grünfutterwiese 9, 10

Grünland 9, 36, 62

Grünlandpflanzen 85 ff

H

Habitat 134, 149

Haftwasser 35 ff

Hahnenfuß 92

Halbschmarotzer 58

Hautflügler 116

Hederichkainit 65

Hedonal 67

Hektarertrag 45

Herbstzeitlose 110 ff

Herbivoren 160

Herbizide 62 ff

- Abbau 68, 70

- Formulierung 66

- Nebenwirkung 72

- Persistenz 67 ff

- Toleranzwerte 69, 74

- Toxizität 69 ff

- Wirkungen a. Pflanzen 71 ff, 73

- Wirkungsgrad 66

Heteroptera 114, 115, 116

Heuhaufen 109 ff

Heuwiese 10

Hitzegrenze 27

Hitzetoleranz 150

Honigtau 131

Hornschotenklee 49

Hummeln 119

Hymenoptera 114, 116

Hypericum perforatum 55

I

Inkoizidenz 139

Insektizide 142 ff

Isopoda 114, 115

J

Johanniskraut 55, 77

K

Käfer 112, 114, 115, 116

Kalkarmut 59

Kalkstickstoff 65

Kältegrenze 27

Klatschmohn 54

172